道徳科授業サポートBOOKS

「特別の教科 道徳」のユニバーサルデザイン

授業づくりをチェンジする15のポイント

増田謙太郎 著

明治図書

はじめに

「この時の主人公はどんな気持ちだったでしょうか」

道徳授業で多く行われてきた「読み物教材の登場人物の心情理解」のための発問である。このような発問に答えることが苦手であったり，難しかったり，そもそも「なんでそんなことを考えなければならないんだ」と辟易したりする子どもは意外に多い。

「他者の心情を類推することが難しい」という特性のある子どもがいることは，よく知られるようになってきている。「この時の主人公はどんな気持ちだったでしょうか」という発問に答えることは，そのような子どもの「特性」として難しいのである。例えるなら，視力0.1の子どもに教室後方から板書を見させるのと同じくらい無理のあることと言える。

だからといって，「道徳授業では読み物教材の登場人物の心情に迫ることをやめましょう」と，私は言いたいわけではない。場合によっては，子どもたちの道徳性を養うために，登場人物の心情にアプローチするのが最適なことだってあるだろう。

本書で提案したいのは，「読み物教材の登場人物の心情理解に偏らずとも道徳科のねらいを達成する方法はいくつもある」ということである。

発問の言葉を少し変えてみるだけで，登場人物の心情理解を図らずとも，授業のねらいを達成できるようになるかもしれない。

選択肢を設けることで，今まで考えることができなかった子どもが，道徳的価値について考えることができるようになるかもしれない。

子どもの発達段階に応じた学習活動にするだけで，子どもたちが主体的に道徳授業に参加するようになるかもしれない。

本書は，道徳教育のねらいを達成することを第一義としながら，ユニバーサルデザインの視点から道徳授業の改善を図ることを目的としている。

「より多くの子どもが道徳授業で道徳的価値について学んでいくためには，どのように授業を改善したらよいか」という出発点から進んでいく。

Contents

はじめに

1章 「特別の教科 道徳」の ユニバーサルデザインの 考え方とポイント

道徳授業のユニバーサルデザインとは？ ……………… 8
今までの道徳授業をチェンジする視点 ………………… 12
支援が必要な子どもと道徳授業での困難さ …………… 16
全体指導と個別支援のポイント ………………………… 22
道徳科の評価と特別支援教育 …………………………… 26
Column　ひとりのため　みんなのため ……………… 30

2章 ユニバーサルデザインの視点で チェンジする 授業づくり15のポイント

教室環境をチェンジする ………………………………… 32
話し方・聞き方をチェンジする ………………………… 36
指示・問い返しをチェンジする ………………………… 40
発表の仕方をチェンジする ……………………………… 44
発問をチェンジする ……………………………………… 48

授業の導入部をチェンジする	52
授業の終末部をチェンジする	56
多様な考えの引き出し方をチェンジする	60
視覚的な支援をチェンジする	64
ワークシートをチェンジする	68
話し合い活動をチェンジする	72
道徳授業の言語活動をチェンジする	76
役割演技をチェンジする	80
他教科等の特質に応じて道徳教育をチェンジする（図画工作科の実践より）	84
特別支援学級の道徳授業をチェンジする	88
Column 「正直，誠実」と支援を受ける素地	92

3章 ユニバーサルデザインの視点でつくる新しい授業プラン

A「主として自分自身に関すること」

授業をチェンジ
授業プラン1 「善悪の判断，自律，自由と責任」	94
授業プラン2 「正直，誠実」	98

B「主として人との関わりに関すること」

授業をチェンジ

授業プラン1「親切,思いやり」……………………………102

授業プラン2「友情,信頼」……………………………106

授業プラン3「相互理解,寛容」……………………………110

C「主として集団や社会との関わりに関すること」

授業をチェンジ

授業プラン1「規則の尊重」……………………………114

授業プラン2「公正,公平,社会正義」……………………118

授業プラン3「家族愛,家庭生活の充実」……………………122

D「主として生命や自然,崇高なものとの関わりに関すること」

授業をチェンジ

授業プラン1「生命の尊さ」……………………………126

授業プラン2「感動,畏敬の念」……………………………130

Column 「他者との関係」と心の理論 ……………………………134

1章
「特別の教科 道徳」のユニバーサルデザインの考え方とポイント

道徳授業の
ユニバーサルデザインとは？

> Point
> ◆授業のユニバーサルデザインの視点では，より多くの子どもたちにとってわかりやすい道徳授業を目指す。
> ◆「言葉」を介するからこそ，道徳的価値の理解が図れる。だから，「言葉のやり取り」をいかにわかりやすくするかを考える。

1　授業のユニバーサルデザインとは

　授業のユニバーサルデザインとは，「より多くの子どもたちにとってわかりやすくデザインされた授業」のことである。
　授業のユニバーサルデザインは，授業実践と結びついた技術論である。したがって，何をどのようにすればより多くの子どもたちにとって道徳授業がわかりやすくなるのか，具体的な事例を基に考えていくことにする。

　まず，右の写真を見ていただきたい。ある小学校の教室に掲げられている「学校教育目標」である。
　学校教育目標は，学校が重点的に育成を目指す子ども像を端的に表している。子どもたちが，よりよい学校生活を送るため，

また，人間としての在り方や生き方の礎とするためのものである。
　この小学校の１年生のＡさんは，教室の学校教育目標を見て，担任の教師にこのような質問をしてきた。

先生！「ゆたかな子」って何ですか？

あなたが担任だったら，どのように答えるだろうか。

2　「ゆたかな子」を小学校１年生にわかりやすく教えるには？

「ゆたかな」とは，十分にあること，満ちたりていることを言うんだよ。

辞書にはこのように書いてある。辞書的な定義を，そのままＡさんに伝えても，小学校１年生ということを考えると，理解は難しいだろう。

お友達が間違えた時にも，優しく許してあげる子は，ゆたかな子だね。

たとえ話を用いると，少しわかりやすくなる。

Ａさんは，この間，お友達が間違えてしまった時，優しく許してあげたよね。
その時，先生は「Ａさんは，心がゆたかな子だなあ」と思いましたよ。

　Ａさんの体験と結びつけて話をしてみた。これだと，Ａさんは，「ああ，

あの時のことか」と，過去の経験を基に自分事として理解することができるだろう。

3　道徳授業をユニバーサルデザインの視点でチェンジ

　それでは，もし，小学校1年生の学級全員への授業として，「ゆたかな子」について教えるとしたら，どのようにしたらよいだろうか。
　Aさんには，Aさんの個人的な経験を基に話をした。しかし，学級全員が対象だと，そのようなわけにはいかない。
　道徳科の教科書には「ゆたかな子」に関連する読み物教材がある。それを用いると，わかりやすく教えることができるのではないか。
　しかし，読み物教材をただ読むだけで，十分に理解を図れるだろうか。学級には読むことが苦手な子どももいる。1年生ならなおさらである。主人公のイラストを使って，ペープサートで説明した方が，より多くの子どもにとってわかりやすくなるかもしれない。
　お話をただ受け身で聞かせたのでは，子どもたちが本当に理解できたかどうかがわからない。子どもたちに同じような経験があったかどうかを発表してもらうのはどうだろうか。より自分事として考えやすくなるのではないか。
　このように，どのようにしたら「より多くの子どもたちにとってわかりやすい授業」になるかを考える視点が，授業のユニバーサルデザインの視点である。
　道徳科では「ゆたかな子」のような，いわゆる「道徳的価値をもつ言葉」を扱っていく。道徳的価値をもつ言葉とは，「正直，誠実」「親切，思いやり」のように道徳科の内容項目に示されているものもあれば，学校教育目標にあるような「ゆたかな」「かんがえる」「つよい」といったものもある。いずれにせよ，道徳的価値をもつ言葉は，抽象性が高い。これらの抽象性の高い言葉を具体化したり，具体的な事例を抽象性のある言葉で表現したりすることによって，道徳的価値の理解は深まっていく。

4 道徳授業のユニバーサルデザインは「言葉のやり取り」を改善していく

　当たり前であるが，道徳的価値について考えたり，表現したりするには「言葉」を用いなければならない。
　算数・数学科であれば「数字」「式」「図」，社会科であれば「地図」「グラフ」「年表」といった視覚的な資料，音楽科であれば「音」「リズム」，体育科であれば「ボール」「身体表現」など，他教科では「言葉」以外のものでも判断，思考，表現することができる。
　他教科と比べてみると，国語科や道徳科は「言葉」への依存度が高い教科である。「言葉」で道徳的価値を考え，「言葉」を介して他者と道徳的価値についてコミュニケーションをとるということに，道徳科の大きな特徴がある。
　道徳科の目標は，「道徳的諸価値についての理解を基に」という一文からはじまる。「言葉」を介するからこそ，道徳的価値についての理解ができるようになるのである。
　したがって，「言葉のやり取り」をいかにわかりやすくするか，そこに道徳授業をわかりやすくするヒントが隠されているのではないだろうか。
　本書の道徳授業のユニバーサルデザインは，道徳科のねらいを達成するために，「言葉のやり取り」をどのようにしたらわかりやすくなるか，例えば子どもの発達段階に応じることや，発問の言葉の使い方，視覚的に言葉を示す方法などを検討していく。
　「言葉のやり取り」をわかりやすくすることで，より多くの子どもたちの道徳性を養う機会を保障することが最大の目的である。

今までの道徳授業を
チェンジする視点

> Point
> ◆道徳科と国語科では,「考えること」が大きく異なる。
> ◆教材の読み取りは,ねらいとする道徳的価値を考えるために,必要な情報を取り出すことが目的である。
> ◆道徳授業のユニバーサルデザインを図っていくための方法はいくつもある。

1　道徳科と国語科はどこが異なるのか

「読み物の登場人物の心情理解のみに偏った形式的な指導が行われる例がある」

小学校学習指導要領解説　特別の教科　道徳編　第1章の総説に,今までの道徳授業の課題として,このように書かれている。

いかにも道徳的なお話を読み,「この時,主人公はどんな気持ちだったでしょう」と問われ続ける授業,子どもたちが「何が正解なんだろう」と教師の意図を探りながら発言していく授業の様子が想像できる。「国語科の授業とどこが違うのかわからない」という声も聞かれる。

そもそも,道徳科は,国語科の授業とどこが異なるのだろうか。

道徳科も国語科も,読み物教材を使用して,「言葉のやり取り」を中心に授業を進めていくという点では共通している。

例えば,野球とサッカーを比べてみよう。共通している点はたくさんある。球技である。チームプレーの楽しさがある。相手チームと点数を争う。そし

て，勝敗を決めて楽しむスポーツである。

　しかし，当たり前だが，野球とサッカーは全く異なる。ルールや見た目だけではなく，どのようにして点数をとっていくか。どのようにして点数をとられることを防ぐか。そう，「考えること」が大きく異なるのである。

　道徳科と国語科の関係も似ている。道徳科と国語科では，子どもが「考えること」が大きく異なるのである。

2 「読む道徳」から「考える道徳」へ

　「読み物の登場人物の心情理解のみに偏った形式的な指導」を，「絵はがきと切手」という読み物教材を例に考えてみる。

　○○の時，ひろ子さんはどんな気持ちになったでしょう。

　「絵はがきが届いた時，ひろ子さんはどんな気持ちになったでしょう」
　「お兄さんに言われた時，ひろ子さんはどんな気持ちになったでしょう」
　「お母さんに言われた時，ひろ子さんはどんな気持ちになったでしょう」
　登場人物の気持ちを問う発問が延々と続く「登場人物の心情理解のみに偏った形式的な指導」の典型である。このような授業が今まで多くの学校で行われていた。

　登場人物の心情理解についての発問をしてはいけないというわけではない。心情理解のみに「偏っている」ことが問題なのである。

　教材の読み取りは，ねらいとする道徳的価値を考えるために，必要な情報を取り出すことが目的である。取り出した情報を基に，自分との関わりで道徳的価値について考えるのが，道徳科の学習である。そのために登場人物の心情理解が必要であるかどうかを吟味しなければならない。

3 わかりやすい「考える道徳」に

　それでは本題である。より多くの子どもたちにとってわかりやすい「考える道徳」にするには，どのようにしたらよいのだろうか。
　先ほどの「絵はがきと切手」の発問を改善してみる。

> **change**
>
> お兄さんとお母さんの話を聞いた時，ひろ子さんはどんな気持ちになったでしょう。
>
>
>
> お兄さんとお母さんの意見を聞いて，ひろ子さんはどんなことを考えたでしょう。
> あなたに一番近い意見はどれですか？
> 　ア　お礼だけ言う
> 　イ　料金不足のことを言う
> 　ウ　何も言わない
> 理由もいっしょに考えましょう。

　改善前の発問では，言葉で表現することが苦手な子どもは，「どんな気持ちになったか」を考え，表現することが難しいと思われる。この子どもに何の支援もない授業では，ねらいとなる道徳的価値を獲得する機会が失われてしまうことになる。
　改善後の発問では，選択肢を提示した。選択肢を提示することで，うまく言葉で表現できない子どもでも，ア・イ・ウのどれが自分の意見に一番近いのかを考え（それぞれを比較した上で），判断し（ア・イ・ウのうちからどれが一番自分の考えに近いかを選び），表現する（自分はアを選びましたと他者に伝える）ことができる。

言葉で表現することが苦手な子どもにとって，選択肢は「あるとうれしい支援」である。
　そして，ここがポイントだが，言葉で表現することが苦手ではない子どもにとっても，選択肢があった方が考えやすくなる。つまり「より多くの子どもたちにとってわかりやすくなる」支援なのである。

4　道徳授業のユニバーサルデザインの方法はいくつもある

　「道徳授業では子どもに考えさせることが大切なはず。選択肢を出したら，子どもの思考はその選択肢の範囲に狭められてしまうのではないか？」
　このようなご指摘をいただくこともある。もちろん選択肢のない方法で思考できる子どもも教室には多くいるだろう。
　しかし，何も支援のない授業ではうまく学習できない子どもたちも教室には存在しているのである。
　繰り返すが，授業のユニバーサルデザインとは「より多くの子どもたちにとってわかりやすくデザインされた授業」のことである。支援を必要とする子どもに配慮された授業は，より多くの子どもたちにとって「わかりやすい授業」になることが多い。
　ここでは，選択肢を使った発問について提案したが，あくまでも一例である。どの発問でも選択肢を用いればわかりやすくなるというわけではない。つまり，授業のユニバーサルデザインを図っていくための方法はいくつもあるということである。ある授業改善の方法について，「これは授業のユニバーサルデザインと言えるのか」を心配することに，あまり意味はない。
　授業がわかりにくくなる要素はいくつもある。しかし，裏を返せば，それと同じくらい授業がわかりやすくなるための方法があるということである。授業がわかりやすくなる要素に着目して，どのように改善したらより多くの子どもたちにとってわかりやすくなるだろうかと問い続けることが，授業のユニバーサルデザインの肝である。

支援が必要な子どもと道徳授業での困難さ

> Point
> ◆困難さを抱える子どもは，何の支援もない状態では，道徳授業のねらいを達成することが難しいことがある。
> ◆それぞれの困難さによって，支援の基本や方法は異なる。
> ◆支援が必要な子どもへのアプローチを含むものが，授業のユニバーサルデザインの視点である。

1 学習上の困難さがある子と道徳授業

❶話すことに困難さがある子ども

「この子の言いたいことはわかるし，私の言っていることもこの子には伝わっている」

話すことに困難さがある子どもでも，家族や教師など身近な大人との間では意思疎通ができていることがある。身近な大人との情緒的な関係づくりが良好であることはとてもよいことだ。しかし，その子どもの言葉の遅れが見過ごされている可能性がある。言葉の遅れのある子どもは，道徳的価値のような抽象度の高い言葉のやり取りが難しい。そのため，道徳科の学習が困難になることがある。

言葉の遅れが原因で話すことに困難さがある子どもへの支援の基本は，「スモールステップによる支援」である。

例えば，最初は「私は〇〇と考えました。なぜなら××だからです」のような話型を示したカードを見ながら話すように指導する。慣れてきたら，

そのカードを見ないで話すようにする。このような小さな段階を踏むことが，「スモールステップによる支援」である。

　この他にも，「恥ずかしい」「緊張する」といった心理的な要因のため，話すことに困難さがある子どももいる。このような子どもへの支援の基本は，「安心感を与える」ことである。

　例えば，発表する順番を前もって決めておくことで，自分の順番までに気持ちを落ち着かせることができ，みんなの前でも発表することができたという子どももいる。どのようにすれば心理的な負担が少なくなるのかを，本人と相談しながら考えていくとよい。

❷聞くことに困難さがある子ども
　聞くことに困難さがある子どもへの支援の基本は，「指示や説明を短くする」ことである。

　「○○して，△△したら，××しましょう」のように，指示内容が長く複数になると，覚えきれずにわからなくなってしまう子どもがいる。このような子どもには，一つずつ「○○しましょう」「△△しましょう」と指示をするとよい。

　また，口頭による指示だけではなく，指示内容を板書やメモに残しておく支援も考えられる。そうすれば，聞き逃したり，忘れてしまったりしても，内容を確認することができる。

❸読むことに困難さがある子ども
　読むことに困難さがある子どもへの支援の基本は，「文字や文章を見やすくする」ことである。

　読み物教材を読む時に，文字がぼやけて見えたり，単語や文をまとまりとして捉えることが難しかったり，文章を目で追って読むことが難しかったりする子どもがいる。

　このような子どもには，文字のサイズを大きくしたり，文字を色分けした

り，読みやすいフォントを使ったりするなど，その子どもの困難さに応じて，「文字や文章を見やすくする」支援をするとよい。

また，タブレット端末の読み上げ機能のような聴覚的な支援も，自宅での予習などに活用できる。

❹書くことに困難さがある子ども

道徳授業では，ノート，プリント，ワークシートなど，書く機会が多い。書くことに困難さがある子どもは，書くことの負担をその都度感じてしまう。そして結果として，道徳科の学習そのものへの意欲も失われてしまうことがある。

書くことに困難さがある子どもへの支援の基本は，「文字や文章を書きやすくする」ことである。

例えば，ワークシートにはフリースペースではなくマス目を用意したり，メモや短冊を用いて短い文をつなぎあわせることで長い文章を書けるようにしたりする支援が考えられる。

2　集中することや継続的な行動をコントロールすることに困難さがある子どもと道徳授業

集中することや継続的な行動をコントロールすることに困難さがある子どもは，「不注意さ」または「多動・衝動性」に要因があることが多い。

「不注意さ」とは，注意を向けるべき対象に注意を向けにくい，あちこちに注意が移ってしまう，やるべきことを忘れてしまう，注意を一定時間持続することが難しいといった状態のことである。

結果として，「物事がうまくいかなかった」「また失敗してしまった」と，本人は不全感を抱きがちである。

不注意さのある子どもへの支援の基本は，「子どもの注意を引くこと」である。

例えば,「前を向きましょう。今から○○について話しますよ」と,話している人の方を向くように注目させてから話をする。そして,短い時間でできるいくつかの学習活動を45分間の授業の中で行い,なるべく注意を持続できるようにすることなどが考えられる。

　一方,「多動」とは,文字通り,動きが多い状態のことである。「衝動性」とは,「何をすべきか」「何をしてはいけないか」がわかっているにもかかわらず,行動が先走ってしまう状態である。

　このタイプの子どもたちは,座っていてもたえず身体のどこかが動いていたり,おしゃべりが多かったり,他者の発言を遮って話したりすることがある。学校では,必然的に注意や叱責を受けることが多くなる。そのため,自己肯定感が下がりがちである。

　多動・衝動性のある子どもへの支援の基本は,「事前の確認により,不適切な行動を起こさないようにすること」である。

　例えば,「今から○○について話します。最後まで静かに聞いていましょう。先生が話し終わったら,質問する時間をつくります」と,教師が話している間は口を挟まずに静かに話を聞けるように事前に確認するとよい。静かに話を聞くことができたら,「最後まで静かに話を聞くことができましたね」とほめる。つまり,不適切な行動を未然に防止し,望ましい行動をほめることで,少しずつ行動を整えていくのである。

　不適切な行動をしてしまった時,「なぜ,あのようなことをしたのか」と,事後に反省させる指導をすることがある。しかし,このタイプの子どもたちは,「何をすべきか」「何をしてはいけないか」は十分わかっているので,行動をしてしまった後に行為を振り返るだけでは,あまり行動の改善にはつながらないことが多い。

　また,教室の学習環境への配慮として,黒板に書くことやカードで貼ることを精選したり,教室前面の棚にカーテンをつけたりして,余計な視覚的刺激を減らしていくこともよい。目に入りやすい黒板周りや教室前面をきれいに整えてある方が,このタイプの子どもたちは授業に集中しやすくなる。

3 他者との社会的関係の形成に困難さがある子どもと道徳授業

　他者との社会的関係の形成に困難さがある子どもは，状況理解や他者の意図の理解，感情のコントロールがうまくいかないことに要因があることが多い。

　状況理解や他者の意図の理解に困難さがあるということは，場の雰囲気や相手の気持ちを読み取った行動ができないということである。いわゆる，「空気が読めない」と思われがちである。

　状況理解や他者の意図の理解に困難さがある子どもへの支援の基本は，「当たり前と思えることでも，どうしてその行動が必要なのか，どのようにすればよいのかを具体的に伝える」ことである。

　状況理解や他者の意図の理解に困難さがあるBさんのエピソードを紹介する。

　Bさんは，道徳科の授業で学んだ「元気にあいさつをしましょう」をしっかりと守ろうとし，学校内だけでなく，登下校途中で出会った見知らぬ人にも大声であいさつをしたり，大事な話をしている最中にも割り込んで大声であいさつをしたりと，「空気を読まず」に自分の行動を優先させてしまうところが見られた。Bさんにしてみれば，道徳科の授業で学んだとおり「元気にあいさつをした」だけである。

　「元気にあいさつをしましょう」といっても，「学校の中では知っている人だけでなくお客様に会った時にも元気よくあいさつをしましょう」「学校の外では，知らない人にはあいさつをしなくてもよい」「大事な話をしている時には会釈や静かにあいさつをするとよい」などが暗黙の了解として含まれている。このような暗黙の了解がBさんにとっては理解しにくいのである。

　したがって，Bさんには個別に「○○の時はこうするんだよ。なぜなら××だからね」と，多くの子どもたちが当たり前に理解していることも，ど

のようにすればよいのか，どうしてそうしなければならないのかを具体的に伝えることが必要である。このような子どもは，きまりやルールは十分理解できる可能性が高いので，丁寧な対応を心がけていくとよい。

　一方，感情のコントロールに困難さがある子どもは，自分の意に沿わないと，騒ぐ，暴言を吐く，ものにあたる，他者に危害を加えるといった行動をとることがある。いわゆる，「スイッチの入りやすい人」と見られがちである。そのため，周囲から怖がられたり，「さわらぬ神にたたりなし」と距離を置かれてしまったりと，ますます他者との人間関係の形成に支障が生じてしまいがちである。

　また，自分の予期しない事態に直面することへの不安感から，過去の成功体験に固執したり，不快な体験を極端に嫌がったりする傾向も強い。そのため，新しいことをしたり，自分の行動パターンを変えたりすることへの抵抗感も見られる。

　感情のコントロールに困難さがある子どもへの支援の基本は，「気持ちを受け止め，解決策を提示して，気持ちの切り替えを手伝うこと」である。

　例えば，グループでの話し合いの場面で友達と意見が合わなかったり，自分の意見が受け入れられなかったりして，感情のコントロールが乱れて，不適切な言動をしてしまったとする。そのような場合には，教師が，「仕方ないよね。でも大丈夫だよ」と，イライラの気持ちを否定せずに受け止めてあげてから，「ちょっと水を飲んでおいで」とクールダウンの方法を提示してあげることなどが考えられる。

　つまり，感情のコントロールが乱れた時に，その状態から抜け出したり，回復したりする力を，子ども自身が身につけていけるような支援を心がけていくとよい。その力が，他者との人間関係の形成にとって重要となる。

　道徳授業は，友達の多様な考えにふれ，一つの事象に対しても複数の考え方があることを知り，今までの自分にはなかった考えを獲得できるようにしていくものである。道徳科の学習は，このようなタイプの子どもにとって，困難さの改善・克服へとつながるものになるだろう。

全体指導と個別支援のポイント

> Point
> ◆子どもによっては，個別に特化した支援が必要である。
> ◆個別の支援が，「より多くの子どもにとってあるとうれしい支援」になることがある。
> ◆「授業のユニバーサルデザイン」と「個別の支援」はインクルーシブ教育の両輪である。

1 インクルーシブ教育時代の支援体制

　インクルーシブ教育とは，障害のある子どもも，障害のない子どもも，共に学ぶことができる仕組みづくりや環境整備，障害理解などを進めていくことである。具体的には，「どの学校でも，どの学級でも，支援を受けることができる体制を整備する」ことと言える。
　ハード的な側面と，ソフト的な側面に分けて考えてみよう。
　ハード的な側面では，例えば，東京都の公立小中学校においては，「特別支援教室における巡回指導」というシステムが構築されている。巡回指導教員と呼ばれる特別支援教育を専門とする教員が，各小中学校を巡回し，支援を必要とする子どもに対して，別室（特別支援教室）での取り出し指導を行ったり，在籍学級にて担任と協働しながら支援を行ったりしている。これまで東京都では，通級指導学級がその役割を担っていたが，他校への通級は子どもに移動の負担がかかる「子どもが動く」システムなのに対して，巡回指導は子どもに移動の負担がかからない「教員が動く」システムとなっている。

通級指導学級や特別支援学級が設置されていない学校でも支援を受けることができる、つまり「どの学校でも、どの学級でも、支援を受けることのできる体制」というインクルーシブ教育システムの一つの形なのである。

2 インクルーシブ教育と授業のユニバーサルデザイン

　ソフト的な側面の一つが、授業のユニバーサルデザインである。

　通常の学級の授業は、集団での学びである。授業のユニバーサルデザインでは、集団での学びがより多くの子どもたちにとってわかりやすくなるように授業をデザインすることを目指していく。

　具体的には、授業の導入部・展開部・終末部のそれぞれの場面の役割を考えた上で、発問、板書、話し合い活動、役割演技、ワークシート、発表など、道徳授業を効果的に進めるための要素において、より多くの子どもたちに授業のねらいを達成させるための工夫を考えていくことである。

　発問であれば「どのように発問したら、より多くの子どもがねらいに迫ることができるか」、ワークシートであれば「どのようにワークシートをつくれば、より多くの子どもが書きやすくなるか」のように個々の要素に注目して改善を図っていく。

　ここで注意しておきたいのは、集団での学びに向けた授業のユニバーサルデザインは、「より多く」の子どもたちにとってわかりやすくしたものであり、「全て」の子どもたちにとって万能ではない。

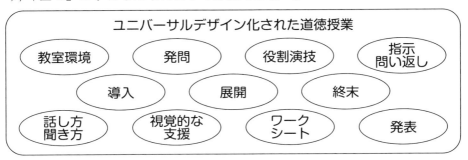

子どもたちの状態や学び方は多様である。集団での学びに向けた授業のユニバーサルデザインだけでは，効果が見られない子どももいる。

3　特定の困難さを個別の支援で補う

　集団に向けて工夫された授業だけでは効果が見られない子どものためには，さらに個別に特化した支援が必要である。

　集団での学びの場面は，人的・時間的・物理的に制約がある。巡回指導のような支援体制を構築することや，担任による休み時間や放課後の取り出し指導，あるいは一斉授業の中でのちょっとした個別の支援など，その子どもに応じて用意されなければならない。

　個別の支援の目的は，その支援を行うことで，子ども自身が「こうすれば自分でもできるようになるんだ」と，自分自身で学び方を見つけていくことにある。

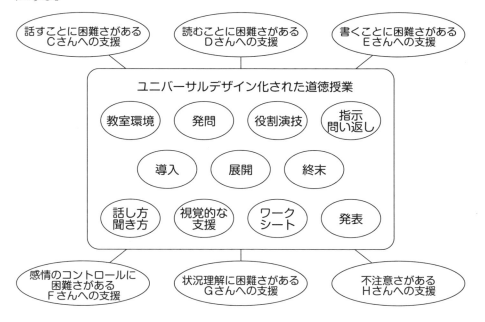

4 「授業のユニバーサルデザイン」と「個別の支援」が両輪

　例えば，話すことに困難さがあるCさんには，個別に特化した支援として，発表の時に「私は○○だと思います。理由は××だからです」と，話型が書いてあるカードを用意した。これはCさんだけに用意したものであった。
　しかし，その話型のカードを，学級の他の子どもにも使ってみたら，他の子どもの話し方も改善された。話型のカードは，Cさんだけではなくて，他の子どもにとってもあるとうれしい支援だったということである。そこで，話型を学級全員がわかるように板書で示すことにした。これは，より多くの子どもたちにとってわかりやすくデザインされた「授業のユニバーサルデザイン」であると言える。
　一方，読むことに困難さがあるDさんには，個別に特化した支援として，拡大したワークシートを用意した。他の子どもは，通常のサイズのワークシートで十分に読むことができたので，「ワークシートの拡大」は学級全員には適用せず，Dさんだけに用意する「個別の支援」にした。
　このように集団での学びを意識した「授業のユニバーサルデザイン」と，個別の学びに対応する「個別の支援」の両方を意識していくことによって，「どの学校でも，どの学級でも，支援を受けることができる」というインクルーシブ教育の実現につながっていくのである。

```
┌─────────────┐                      ┌─────────────┐
│ 集団での学び │   特定の困難さを補う  │             │
│             │   ──────────→        │             │
│  授業の     │                      │  個別の支援 │
│  ユニバーサル│   ←──────────        │             │
│  デザイン   │  より多くの子どもた   │             │
│             │  ちにとってあるとう   │             │
└─────────────┘  れしい支援           └─────────────┘
```

道徳科の評価と特別支援教育

> Point
> ◆「認め，励ます」評価になるようにする。
> ◆通知表や指導要録の記述は，言い換えることで印象が変わる。
> ◆支援が必要な子どもは「個別の教育支援計画」にも記載する。
> ◆いろいろな評価方法を用いることで，評価の精度を高める。

1 認め，励ますことが基本！

　道徳科における評価は，子どもが自らの成長を実感し，意欲の向上につなげていくため，次の点を重視する。

> ・数値による評価ではなく，記述式とすること。
> ・個々の内容項目ごとではなく，大くくりなまとまりを踏まえた評価とすること。
> ・他の子どもとの比較による評価ではなく，子どもがいかに成長したかを積極的に受け止めて認め，励ます個人内評価として行うこと。

　特別な支援を必要とする子どもは，長所と短所が極端に現れやすい。
　例えば，話すことに困難さがあるIさんは，道徳科の授業において，特に発表の場面で，自分の考えを伝えることが難しい様子が見られる。
　この場合，Iさんの「話すこと」の短所のみに目を向けてしまうと，「道徳科では，自分の考えを話すことが難しかったです」という評価になってし

まう。

　Ｉさんにとって、話すことについての指導及び評価の必要性は、十分に認められる。しかしながら、道徳科の評価は、あくまでもＩさんが道徳科の授業で考えを深めることができたかどうかを見取っていくものである。Ｉさんにとって、どのような方法で評価していくことが、道徳科の評価として適切なのかを検討しなければならない。

　Ｉさんは話すことは困難でも、ワークシートに自分の考えを書くことができている。その記述内容は、道徳的価値について十分に思考・判断できていることがわかるものである。

　したがって、Ｉさんの場合は、ワークシートに書かれた記述内容を基にして、道徳科の評価をすることが妥当と考えられる。

　「道徳科では、多面的・多角的に考えを書いて表すことができました」という評価にすればどうだろうか。これは肯定的な評価だ。Ｉさんも、自分の考えを伝えることができているのだと、道徳科の学習に前向きな気持ちになるだろう。

　道徳科の評価は、「認め、励ます」ことが基本である。子どもや保護者がその評価を通知表などで目にした時、道徳科の学習での様子や成長を実感できるようにすることが大切である。

2　言い換えることで印象が変わる！

　他者の意図の理解に困難さがあるＪさんの通知表の文面である。

> 　話し合い活動では「思いやりのある行動」や「礼儀正しい行動」について、自分の考えを一方的に話している様子が見られました。

　Ｊさんは友達との話し合いの場面で、一方的に発言している様子が見られた。この評価の記述を「認め、励ます」評価にチェンジしてみる。

> 話し合い活動では「思いやりのある行動」や「礼儀正しい行動」について，自分の考えを<u>素直に</u>発表することができていました。友達の意見にも耳を傾けることができると，さらに考えが深まるでしょう。

　「一方的に」を「素直に」と言い換えた。そして，今後どうすればよいかを示した。この方が，「認め，励ます」評価に近づいている。
　「他者の意図の理解」は，一朝一夕には改善できないものである。Jさんは，今までも「他者の意図が理解できない」と評価されることが多く，否定的な面ばかりが気になっていた。しかし，「認め，励ます」評価によって，「これからは素直な面を伸ばしていこう！」という肯定的な原動力となるかもしれない。
　記述を工夫することで，本人や保護者の理解を得られやすくなるし，なにより道徳的な実践意欲が高まっていくことが期待できる。

3　個別の教育支援計画での引き継ぎ

　個別の支援が必要な子どもについては，「個別の教育支援計画」を作成することが必要である。「個別の教育支援計画」は，個別の支援が必要な子ども一人一人について，適時かつ適切な支援が受けられるように，年度ごとに支援の方策及び評価を記載していくものである。
　また，支援の流れを一本につなぐ書類としての活用が重視されている。「個別の教育支援計画」に，今年度どのような支援を行ったかという情報を記載し，学年が上がった時，または進学した時に確実に引き継ぐことができるようにするのである。
　例えば，話すことに困難さがあるKさんについては，小学校4年生の時にみんなの前で発表するかわりに，ワークシートに自分の考えを書いて伝えるように配慮した。その結果，Kさんは道徳的価値について多面的・多角的に

考えていたと評価できた。このことを「個別の教育支援計画」に記入して，次の5年生に引き継ぐ。5年生の担任は，同様または異なった支援を行うかどうかを，Kさん本人及び保護者と相談していくようにする。

4　いろいろな評価方法

　一つの評価方法だけでは，子どもの多様さに対応することは難しい。いろいろな評価方法を用いて，それらを関連させながら評価することで，評価の精度を高めていく。

❶観察による方法
　授業中の学習態度や発言の内容，話し合い活動の様子などから評価していく。教師の主観によって評価が揺らぎやすいので，観察する際の評価の基準を具体的に設定しておくとよい。

❷ノート・ワークシートなどによる方法
　ノート・ワークシートなど，記述した文章から評価していく。授業が終わった後に，時間をかけて吟味していけるので便利である。
　書くことに困難さがある子どもには，十分に配慮する。

❸パフォーマンス評価による方法
　授業で学んだことをイラストや役割演技，スピーチ，発表会などで表現し，そのパフォーマンスを基に評価する。
　人前で演じると「上手だったね」と，演技そのものに対する教師や友達の評価を受けることが多い。しかし，上手な演技かどうかが，道徳科の評価の対象ではないことは言うまでもない。

Column
ひとりのため　みんなのため

　そもそも障害とは，個人のせいではない。
　障害をバリアにしてしまっている社会に責任がある。
　足が不自由で外出しにくいのは，段差があちこちにある社会だからである。

　この考え方は，「障害の社会モデル」と言われ，「社会こそが『障害』をつくっており，そのようなバリアを取り除くのは社会の責務だ」と主張している。

　学校生活を考えてみると，その大半は，授業である。授業が，障害のある子どもにとってわかりにくいものであるなら，それは子どもたちにとってバリアと言える。だから，バリアとなっているのは子どもの責任ではなく，教師による授業改善が責務となる。

　学級集団での授業改善はもちろんのこと，ピンポイントに困っている子どもがいたら，その子どもに特化した支援，すなわち「合理的配慮」が必要である。
　「合理的配慮」という言葉には，バランス感覚が込められている。一人の子どものために特別な対応をすることで，学級全体に負の影響があってはならない。
　合理的配慮とは，「誰かが困っていたら助けましょう。でも自分自身も困らないようにしましょう」となるだろうか。

2章

ユニバーサルデザインの視点でチェンジする授業づくり15のポイント

教室環境をチェンジする

1 教室環境をチェンジするとは

　学校教育目標，生活目標，給食の献立，係活動の紹介，書写の作品，明日の授業の連絡……教室には，様々な掲示物がある。
　しかし，「特別支援教育の視点では，掲示物は子どもの刺激物になるから貼らないようにするとよい」という有名な話がある。
　筆者も以前，学校参観をした時に，「本校は特別支援教育を推進しています。ですので，教室には一切掲示物を貼っていません」と誇らしげに語っていた校長先生にお会いしたことがある。
　確かに，本当に掲示物が刺激物となっていて，掲示物のために子どもたちが落ち着かなくなっているのであれば，掲示物は貼らない方がよい。しかし，子どもたちにとって，本当に掲示物が刺激物となっているのかどうかを今一度，考えてみたいと思う。
　写真1は，掲示物は刺激物になるからと，一切掲示物を貼っていない特別支援教室（個別の学習のための教室）である。
　この教室は確かに掲示物もなく，刺激がないかもしれない。しかし，殺風景ではないか。はたして，子どもの立場になった時に安心して過ごせる環境と言えるだろうか。

写真1

掲示物には，子どもが学習に向かうための意欲の醸成や，安心して学ぶことのできる環境として役立っているという一面もある。

　教室環境は，いかに「より多くの子どもたちにとって安心して学びに向かうことができる環境になっているか」が，ポイントである。

　「掲示物は子どもの刺激物になるから貼らないようにするとよい」というのは，きわめて形式的な対応である。本当にその教室で学習をする子どものためになっているかどうかを考えていくことが本筋なのではないだろうか。

2　教室環境に必要な四つの視点

❶道徳授業との関連を図ること

　道徳授業で使用したイラスト教材を，一度授業で使っただけで次年度までしまっておくのはもったいない。

　写真2は，小学校2年生の教室の掲示板である。道徳の授業で使用したイラストに「大切な命」「親せつ」「正しいこと」「ともだちおもい」など，表題の言葉をつけて掲示している。

　授業で学んだ道徳的価値を，子どもの日常生活につなげていくためには，授業と日常生活を往還させることが最も効果的である。

　このように道徳授業で使用したイラストを教室に掲示しておくことで，「この間の授業で『親せつ』の勉強をしたよね。今の〇〇さんのしたことは，とても親せつなことだったね」と，日常的に振り返ることができる。授業の場面だけでなく，日常的に自分事として道徳的価値を学ぶ機会が増えるのである。

写真2

❷時間を見えるようにすること

　ワークシートを書かせたり，話し合いをさせたり，何か子どもに作業をさせる時には，「○分間で」と時間を指示するとよい。取り組む時間を知らせることで，子どもは時間的な見通しをもつことができる。

写真3

　写真3は，黒板に大型タイマーを取りつけたものである。黒板に取りつけることで，子どもたち全員に見えるようになる。

　写真4は，電子黒板のタイマー機能を使用したものである。数字だけではなく，円グラフ的に残り時間が表示される優れものである。

写真4

　時間の表示は子どもだけでなく，教師にとってもあるとありがたい。教師は，限られた授業時間において計画的に授業を進めていかなければならないからだ。教師自身が時間の意識をしっかりしておくことは，よい授業づくりのために必要不可欠である。小さなキッチンタイマーは教師の時間管理には適しているが，子どもにはできるだけはっきりと見えるような大型タイマーを用意すると効果的である。

❸空調や騒音に配慮すること

　一部ではエアコンなどが普及し，快適に過ごすことのできる教室も増えてきている。教室の空調や騒音などの環境には細かな配慮が望まれる。

　例えば，工事などの騒音が聞こえる教室で，道徳科の内容項目「主として生命や自然，崇高なものとの関わりに関すること」の授業をするのでは，子どもたちに感動的な話を味わわせたいと思っても，効果が半減してしまう。その時間だけ騒音の少ない教室に移動することも手段の一つである。

❹座席の配置に配慮すること

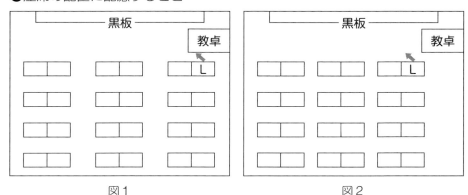

図1　　　　　　　　　　　図2

　座席の配置で気をつけたいのは，教室の一番前の両端の子どもにとって，黒板が見やすくなっているかどうかである。教室の形も様々であるが，横長の教室では特に気をつけた方がよい。

　まずは，図1の教室の座席の配置をご覧いただきたい。注目してほしいのはLの座席に座っている子どもである。Lの座席の子どもは，この位置からだと，黒板を見ようとした時に，目線の先に教卓がある。教卓が，Lの座席から黒板を見る際の障壁となっている。

　図2では，机の間隔を全体的に少し詰め，一番端の子どもも黒板に対してなるべく正対でき，教卓が子どもの目線のじゃまにならないように改善した。

　このことは教室の座席だけでなく，例えば，校庭や体育館での準備体操の時，図書室での読み聞かせの時など，様々な場面で気をつけたいことである。

　教室環境をチェンジして改善していく視点は，子どもの目線で授業を点検していくことの必要性を示している。子どもの目の高さに合わせて教室全体を見回してみると，もしかしたらこの他にもいろいろなものが障壁となっていることがわかるかもしれない。

　掲示物を一律になくすような形式的な対応ではなく，実際の教室の子どもにとって，学習に向かいやすい環境づくりを進めていくことが大切である。

話し方・聞き方をチェンジする

1 話し方・聞き方をチェンジするとは

　道徳科では対話的な学習によって，道徳的価値の獲得を図っていく。対話的な学習とはすなわち，「言葉のやり取り」によってなされるものである。
　「言葉のやり取り」は，話し手と聞き手による「言葉のキャッチボール」とイメージするとよい。話し手は聞き手に理解しやすい話し方を，聞き手は話し手が話しやすい聞き方を，お互いに意識することで，スムーズな「言葉のキャッチボール」となる。自分の言いたいことをただ話すだけでは，聞き手に伝わりにくい。話し手はつい，話の内容「どのようなことを話すか」に重きを置きがちだが，「どのように話すか」という話し方に関する技術が，聞き手の理解の度合いにつながる。
　一方，聞き手は，話し手が話しやすいように，聞く技術が必要である。
　道徳授業のユニバーサルデザインの視点では，より多くの子どもが話の内容を理解できるような教師の話し方や聞き方の改善について考えてみる。

2 話し方・聞き方に必要な三つの視点

❶ Ｉ（アイ）メッセージを応用すること

change
何度言ったらわかるの？

↓

これは大事なところだから、覚えていてくれると、先生はうれしいよ。

　主語を「私」にして話すことを、「Ｉメッセージ」と言う。
　「何度言ったらわかるの？」は、正確には「あなたは何度言ったらわかるの？」である。つまり、「あなた」が主語として隠れている。教師は、子どもたちに指示を出し、教え諭していくことが仕事なので、どうしても「あなた」を主語にした指示的な言い方をしてしまいがちである。しかしながら、このような「あなた」が主語の指示的な言い方は、心情的な反発を招きやすい。なんとなく「非難された」印象を受けるので、素直にしたがいにくくなるのである。
　「これは大事なところだから、覚えていてくれると、先生はうれしいよ」は、主語が「先生」、つまり「私」である。「私」の気持ちを伝えることが、Ｉメッセージである。メッセージを受け取る側の子どもの立場に立ってみれば、「先生は今こんな気持ちなんだ。それなら言うことをきいてみようか」と、メッセージを受け取りやすくなる。
　例えば、道徳科の内容項目「親切、思いやり」の授業の導入で、親切にされた経験を発表する場面での指示だとこうなる。

change

友達に親切にされた経験を発表してください。

先生はこの前、○○な親切をしてもらい、とてもうれしかったです。みなさんも友達に親切にしてもらったことがありますか？たくさん親切な話が聞けると、先生はうれしいです。教えてくれる人はいませんか？

　最初の指示に比べ、ずいぶんソフトな印象に変わった。

チェンジした発問は，①先生（私）の経験と気持ち，②子どもへの問いかけ，③先生（私）の気持ちの三つから構成されている。
　②の「子どもへの問いかけ」を，①と③の「先生（私）の気持ち」でサンドしている構造である。
　このように発問すると，子どもたちは教師の期待に応えようと前向きな気持ちになるだろう。

先生は，タロウさんは親切だと思いましたが，みなさんはどう思いますか？
小さな子がころんで泣いていました。
お母さんは「一人で起きなさい」と言って見ていました。
タロウさんは，泣いている男の子をだっこして，起こしてあげたのです。

　「お母さんは自分で起きるように見守っていたんだよ。タロウさんはそれをじゃましたのだから，そんなのは親切じゃないよ」と，反論する子どもが当然いるだろう。
　この発問は，「先生は，タロウさんは親切だと思いました」と，教師自身（私）の気持ちを伝えてから，ちょっと内容的には疑問のある問題提起を行っている。
　構造的には，Ｉ（アイ）メッセージによって，子どもたちはメッセージを受け取りやすくなっている。
　しかし，よく内容を考えてみると，タロウさんがした行為は「え，ちょっと違うんじゃないの？」と思ってしまう。
　すなわち，Ｉ（アイ）メッセージをうまく使ったことで，話の内容の問題点に気づきやすくなったのである。

❷子どもの失敗をフォローすること

> **change**
> ちょっと違ったかな。
>
> ↓
>
> ○○さんは勘違いしちゃったみたいだけど,ここはけっこう<u>みんなが勘違いしちゃうところ</u>なんだよね。

「教室では,間違えても大丈夫」というメッセージは,子どもたちが安心して学ぶ環境づくりにつながっていく。どのような方法で,「間違えても大丈夫」な雰囲気をつくっていくかを考えてみたい。

改善したコメントでは,子どもが間違ったことを発言した時,それを個人の問題とせず,集団みんなで気をつけることとしてみた。みんなの前で個人の間違いを指摘しなければならない時は,最大限の配慮が必要である。

❸黒板に対して半身の姿勢で板書すること

子どもの発言を板書する場面では,教師の「聞き方」を改善する。

教師は子どもに背中を向けて板書していることが多いのではないだろうか。子どもの立場に立ってみると,教師が背中を向けた状態で板書しはじめたら,先生は自分の話をしっかりと聞いてくれないように映る。

子どもの発言中は,子どもに向き合っている時間を1秒でも長くする,子どもに背を向けている時間を1秒でも短くすることを意識する。

具体的には,子どもに背を向けるのではなく,黒板に対して半身の姿勢,子どもたちにも体を半分向けている姿勢で板書するのがよい。

教師は,子どもの発言を聞いている「つもり」になってはいけない。特に,子どもの発言を板書する時は要注意である。

指示・問い返しをチェンジする

1　指示・問い返しをチェンジするとは

　指示や問い返しは，子どもが前向きに思考や活動ができるようにする言葉かけである。その指示や問い返しがたとえ一人の子どもに向けたものであったとしても，学級のその他の子どもに影響を及ぼすことがある。むしろ，その影響力を生かして，より多くの子どもにとって指示や問い返しが充実していくようにするとよい。

　授業のユニバーサルデザインの視点では，指示や問い返しが一方的なものではなく，「言葉のやり取り」として，その後の子どもの思考や行動が質的に変化するように工夫していく。

2　指示に必要な二つの視点

❶子どものやる気を引き出すこと

> **change**
> 　（ワークシートを）早くやりましょう。
> 　　　　　　　　↓
> 　できるところからやれば大丈夫だよ。

　子どものやる気を呼び起こすためには，具体的にやることを伝えること，そして安心してとりかかれるような声かけをすることである。

❷子どもを「動かす」こと

> change
>
> （ワークシートが）できた人は待っていてくださいね。
>
> ↓
>
> できた人から先生のところに持ってきましょう。

　道徳授業では，子どもが45分間ずっと座っている状態になりやすい。動きのない授業は，集中力が途切れやすくなる。特に，多動な子どもには苦痛にすらなる。
　できたワークシートを教師のところに持っていくようにするだけでも，子どもに動きをもたらすことができる。

3　問い返しに必要な二つの視点

【学　　年】　小学校6年生
【内容項目】　正直，誠実
【ね ら い】　誠実に，明るい心で生活しようとする態度を養う。
【教 材 名】　「手品師」（文部省）
【あらすじ】　ある手品師が，しょんぼりしている男の子に出会う。手品を見せてあげることにより，その男の子は元気を取り戻す。
　そして，次の日も手品を見せることを約束した。
　その夜，仲のよい友人からの電話で，大劇場に出るチャンスがあることを知らされる。

---

❶一人の発言を学級全体に広げること

ぼくは、最初に約束した男の子のところより、大劇場に行く方がよいと思います。

このように発言した子どもに対して、教師の問い返しをチェンジする。

あなたは、なぜ「大劇場に行く方がよい」と考えたのですか？

○○さんは「大劇場に行く方がよい」と考えました。
みなさんは、どうして○○さんが「大劇場に行く方がよい」と考えたと思いますか？

　道徳授業では、発言者と教師の一対一のやり取りになりやすい。一人の発言を他の子どもへと広げるようにすることで、より多くの子どもが問題を共有して、共に考えることができるようになる。

❷友達の意見から思考が深まるようにすること

大劇場に行った方が、手品師の叶えたい夢が叶うわけだし、チャンスはそんなにたくさんあるわけではないし、男の子には謝っておけばすむわけだし、やっぱり自分の夢を叶えることが大事だと思います。それは男の子を裏切ることにはならないし、男の子もきっと応援してくれるはずだから。

　このように、いくつもの考えを一度に話してしまう子どもがいる。いろいろなことを発言してしまうのは、本人の中で、道徳的価値についての考えが

未分化の状態であるからと考えられる。そのため一番言いたいことが何かがはっきりしていないのである。

　さて，この子どもの発言を板書しようにも，全部を板書するわけにはいかない。教師は思わず，この子どもの言いたいことをまとめようとするだろう。しかし，厳しい言い方をすれば，それは板書をしたい，とりあえずまとめたいという教師自身の都合にほかならない。

　むしろ，こういう発言を生かした問い返しになるようにチェンジする。

change

いっぱい言ってくれたけれど，その中で一つ選ぶとしたらどれでしょう？

↓

今の〇〇さんの意見の中で，一番言いたかったことはどれでしょう？

❶と同様に，他の子どもに問い返すようにチェンジした。そして，他の子どもが，これに対して意見を発表する。

〇〇さんが一番言いたかったことは，自分の夢を叶えることが大事だということだと思います。

〇〇さん，どうでしょうか。一番言いたかったことは，自分の夢を叶えることが大事だということですか？

　このようにすることで，最初の発言者も，自分の言いたいことが何か気づくことができるようになる。

発表の仕方をチェンジする

1　発表の仕方をチェンジするとは

　発表の場面は，話すことに困難さがある子どもにとっては，心理的なプレッシャーがかかりやすい。

　例えば，まだ話し言葉に幼児音が残る子どもがいる。「せんせい」と発音できずに「てんてい」と言ったり，動物の「きりん」が「ちりん」，「さかな」が「たかな」になったりすることがある。

　吃音の子どもは，日常会話であっても言葉をスムーズに出せなかったり，途中まで話してから急に言葉が詰まってしまったりすることがある。

　場面緘黙の子どもは，例えば家庭では問題なくおしゃべりできるのに，学校では「話せない」状態になっているというように，特定の場所では話すことができないことがある。

　このような子どもたちには，専門的な支援による「話すこと」の改善が必要であるが，集団での学びの場においては，心理的な不安を取り除くことを第一に考えなければならない。

　また，このような特徴までではいかなくても，なんとなく人前で発表することが苦手な子どもはどの学級にもいる。「先生にあてられて，みんなに振り向かれて注目されたら嫌だな」「途中で話すことを忘れてしまったらどうしよう」などと，発表に対する不安ばかりが頭の中を占めてしまっていたら，肝心な道徳授業で学ぶべき内容にたどりつかないだろう。道徳授業の目的は「発表すること」ではない。とはいえ，感じたことや考えたことを友達と共有するためには，何かしらの自分の意見を伝える場は必要である。授業のユ

ニバーサルデザインの視点では，人前で発表することが苦手な子どもたちでも，「言葉のやり取り」に配慮することで，自分の考えを明確にし，他者に自分の意見を伝えていけるようにする。その配慮は，より多くの子どもたちにとっても有効である。

2 発表の仕方に必要な五つの視点

❶意見を黒板に書いて発表すること

> change
> それでは，意見を発表してください。
> ↓
> みなさんの意見を，黒板に書いてきてください。

　ノートやワークシートに自分の意見を書かせた後に，話して発表するのではなく，子ども自らが黒板に自分の意見を書くようにした。
　さらに，黒板に書いた意見を，書いた子どもではなく，他の子どもに読ませるのもよい。

❷他者の意見を発表すること

> change
> (二人組での意見交換の後) どんな意見が出ましたか？
> ↓
> ペアの相手の人はどんな意見でしたか？

　二人組で意見交換する場面を設定する。その後，全体での意見発表にするが，自分の意見ではなく，ペアの相手の意見を発表するようにした。

道徳授業では，他者の意見も自分事として考えていけるようにすることが大切である。他者の意見を発表するという機会を設けることで，他者の意見も大切に扱おうとする姿勢が育つであろう。

❸話型を示すこと
　みんなの前で話して発表させる場面で，話すことに困難さがある子どもには，話型を示す支援が考えられる。
　いつも同じ話型ではなく，場面によっていくつかの話型を用意しておくとよい。

【意見とその理由を明確にした話型】

> 「私は□□と考えました。その理由は□□だからです

　自分の意見を発表させる時の基本的な型である。

【聞き手を意識させる話型】

> 「６年１組のみなさん。私は□□と考えました」

　誰に向かってメッセージを送っているのかを明確にした話型である。より聞く側に訴えかける効果がある。

【学習のまとめの話型】

> 「私は□□を知りました。これからは□□したいです」

　授業の中で学んだ道徳的価値を振り返り，今後の自分につなげていく話型

である。

❹学級通信で紹介すること

　授業の時間内だけでなく，いろいろな方法で道徳の授業の振り返りができるようにしていくことが，子どもたちの道徳性を養うことにつながっていく。

　もし，学級通信を発行しているのであれば，道徳の授業の紹介とともに，授業で出た子どもの意見や考えを掲載するとよい。家庭に持ち帰り，友達の意見をじっくりと読むことができる。

❺校内掲示板で紹介すること

　道徳教育は学校全体で取り組むものである。その点でも，教室の中だけで道徳の授業を完結させる必要はない。

　写真は，授業で使用したカードやイラストを用いて，授業で出た子どもの意見を模造紙にまとめたものである。そして，校内の掲示板に貼り，誰もが読むことができるようにした。

　自分のクラスだけでなく，学校中の子どもや教師，そして学校を訪れた保護者やお客様にも，どのような道徳科の学習をしているかを知ってもらうことができる。

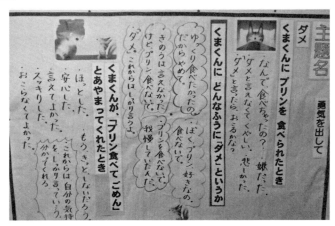

発問をチェンジする

1　発問をチェンジするとは

　教室にはいろいろな子どもがいる。一を聞いて十を知る子どももいれば，一度では内容を聞き取って理解することが難しい子どももいる。教師の発問の意図を読み取って深く考えることができる子どももいれば，わからなくなるとすぐにあきらめてしまう子どももいる。

　道徳授業の発問は，教師と子どもの「言葉のやり取り」の出発点になるものである。道徳授業のユニバーサルデザインの視点では，「言葉のやり取り」をわかりやすくしていく。

　そのためには，まず発問そのものが聞き取りやすいもの，理解しやすいものとなるようにする。聞き取ることの負荷を少なくする方法を探していくことになる。

　また，内容的には，より多くの子どもが授業のねらいに迫れる発問，道徳的価値に気づきやすくなる発問にしていくことが望まれる。

2　発問に必要な四つの視点

【学　　　年】　小学校1年生
【内 容 項 目】　友情，信頼
【ね　ら　い】　友達と仲よくし，助け合う心情を育てる。
【教 材 名】　「およげないりすさん」（文部科学省）

【あらすじ】 かめ，あひる，白鳥が池の中の島へ行こうと相談しているところに，りすがきていっしょに連れて行ってほしいとお願いする。しかし，泳げないからだめだと断ってしまう。その後，島に行き，りすがいないまま遊んでも楽しくなかったみんなは，次の日，りすに昨日のことを謝り，りすをかめの背中に乗せて，みんなで島に向かう。

❶一文を短くすること

> **change**
>
> りすが自分だけおいていかれた時，りすはどんな気持ちだったでしょう。
>
> ↓
>
> りすはどんな気持ちでしたか？

　ワーキングメモリ（一時的に情報を保持して思考や行動につなげるための記憶の機能）の負荷を減らす方法として，このように一文を短くすることが有効である。

❷語順を入れ替えて，「何を尋ねているか」を文頭にもってくること

> **change**
>
> りすが自分だけおいていかれた時，りすはどんな気持ちだったでしょう。
>
> ↓
>
> りすの気持ちはどう変わりましたか？
> おいていかれた時は？
> かめの背中に乗った時は？

場面を絞って詳しく考えたい時などは，どうしても言葉の数が多くなってしまう。言葉の数が多くなると，ワーキングメモリの弱い子どもたちに負荷がかかりやすい。

このような場合には，語順を入れ替えて，「何を尋ねているか」を文頭にもってくるとよい。

ワーキングメモリへの配慮は，ワーキングメモリが弱い子どもだけでなく，より多くの子どもにとって「あるとうれしい」支援となる。特に，低学年の子どもたちには，学級全体への支援となる。

❸いくつかの場面を比べること

> change
>
> かめとあひると白鳥は遊んでいて楽しくなかった時，心の中でどんなことを思っていたのでしょう？
>
>
>
> 気持ちを比べてみましょう。
> 三人で遊んだ時，どうしてつまらなかったのでしょう？
> りすと遊んだ時，どうして楽しかったのでしょう？

「およげないりすさん」のように，読み物教材の多くは，時間や場所の変化に合わせて登場人物の心情を表現している。その心情の変化を追うことで，道徳的価値が獲得しやすいように工夫されている。

したがって，ある一場面の登場人物の心情だけを取り出して発問するのではなく，いくつかの場面を比べながら発問することで，登場人物の心情の変化について考えやすくなる。

❹行動や心情の変化の「理由」に着目すること

> change
>
> りすを背中に乗せて島に渡ったみんなは、どんな気持ちになったでしょう?
>
> ↓
>
> なぜ、はじめから仲よく遊ばなかったのでしょう?

　道徳授業のユニバーサルデザインでは、「言葉のやり取り」を改善して、より多くの子どもが道徳的価値について、わかりやすく学ぶことができることを目指している。

　状況理解や他者の意図理解に困難さがある子どもたちには、「どんな気持ちになったでしょう」というような、登場人物の心情理解は難しいことが多い。授業のねらいの達成のためには、登場人物の心情の移り変わりをおさえておくことが必要なこともある。しかし、心情理解にのみ偏った発問を続けていると、このような子どもたちは、とても苦労を強いられる。

　より多くの子どもにとって、わかりやすく、授業のねらいの達成につながる発問になるように改善した方がよい。

　本時のねらいに着目してみる。本時のねらいは「友達と仲よくし、助け合う心情を育てる」である。

　「(登場人物の)心情を読み取る」ことが本時のねらいではないので、「どんな気持ちになったでしょう?」と発問する必要はない。

　そこで「なぜ、はじめから仲よく遊ばなかったのでしょう?」と、行動や心情の変化の理由を問う発問にチェンジした。「どんな気持ちになったでしょう?」より、「なぜそのような行動をとったのでしょう?」「どうしてそのような気持ちになったのでしょう?」と、行動や心情の変化の理由に着目した発問の方が、状況理解や他者の意図の理解に困難さがある子どもたちにとって、どのように考えたらよいかがわかりやすくなる。

授業の導入部をチェンジする

1　授業の導入部をチェンジするとは

　「一番仲のよい友達を思い浮かべてください。あなたにとって，その友達のよいところは何ですか？」
　授業の導入部では，このような発問がよく見られる。
　友達関係で悩んでいる子どもにとって，この発問はどのように感じられるだろうか。はたして，安心してこの先の授業に参加できるだろうか。
　みんなの前で発言するのが苦手な子どもはどうだろうか。もしかしたら先生は，考えたことを一人ずつ発表しなさいと言うかもしれない。はたして，安心してこの先の授業に参加できるであろうか。
　授業のユニバーサルデザインの視点では，より多くの子どもが「安心して参加できる授業」にすることが，とても重要である。
　安心して授業に参加することが難しい子どもがいると予測されるのなら，安心して参加できる授業に改善しなければならない。
　授業の導入部は，安心して参加できる授業になるかどうかという大きな要素をもっている。授業の開始時の印象が，授業への参加意欲を高めることにつながるからである。
　安心して参加できるかどうかのポイントは，「授業の見通しをもたせること」「ねらいを明確にすること」「内容の本質に迫るためのウォーミングアップの時間とすること」である。

2　授業の導入部に必要な三つの視点

【学　　年】	小学校4年生
【内容項目】　友情，信頼
【ね ら い】　友達と互いに理解し，信頼し，助け合おうとする心情を育てる。
【教 材 名】　「絵はがきと切手」（文渓堂）
【あらすじ】　料金不足の定形外郵便物をもらったひろ子は，送り主である友達の正子に忠告しようかどうか迷う。

●授業の見通しをもたせること

　まず，授業がどのように進んでいくのか，本時の予定を視覚的に示すようにする。見通しが立たないと不安になる子どもも，これにより授業の見通しが立てられるので安心して参加することができる。

　また，どのような方法で学習するのかも前もって示しておくと，さらに見通しが立ち，心の準備をすることができるだろう。

```
今日の学習予定
「友情」とはなんだろう

①自分で考えてみよう
  ワークシート
②副読本を読もう

③グループで話し合おう

④自分でもう一度考えてみよう
  ワークシート
```

例えば，学習予定に「ワークシート」と記入しておけば，「今日はワークシートに書くことがあるのだな，じゃあ鉛筆を用意しておこう」と一つ一つ教師が指示しなくても，学習に向かう姿勢をつくることができる。

　そして，授業の導入時と終末時は同じ発問にしてみる。こうすることで，子どもたちは自分の理解が深まったかどうかを，導入部と終末部で比べて実感できるようになる。終末部で「この授業でこんなにわかったことがある

ね」と認め，励ますことで，達成感を味わえるようになるだけでなく，子どもたちの道徳性を養うことにもつながるだろう。

❷ねらいを明確にすること

> change
>
> 　一番仲のよい友達を思い浮かべてください。
> 　　あなたにとって，その友達のよいところは何ですか？
>
> 　　　　　↓
>
> 　「友情」とはどういうことですか？

　自分との関わりを意識させるために，「一番仲のよい友達を思い浮かべてください」という発問は，多くの授業で行われている。しかし，「一番仲のよい友達」に限定してしまうことで，「〇〇さんは優しいです」「〇〇さんは困った時に助けてくれます」と，その友達の個人的なよいところを見つける活動となってしまう。この発問が，その後の「絵はがきと切手」で考えさせたい内容とつながるだろうか。本時のねらいはそのようなことではない。
　ここでは，直接的に本時のねらいとなる「友情」という言葉を提示して，そこから「友情」とはどういうものなのかを考える発問にチェンジした。授業の導入部でこの発問をすることで，子どもたちは「今日は『友情』についての学習をするんだ」と授業で学習することの目標がつかみやすくなる。本時の読み物教材である「絵はがきと切手」を読み進めていく際にも，「友情」についての学習をするということを，意識しているのと意識していないのとでは，理解の仕方が異なる。主人公のひろ子が，友達の正子に対して郵便物の料金不足を忠告しようかどうかで悩んでいることを，理解しやすくなるだろう。
　発問する時は口頭で伝えるだけでなく，例えば「友情」と黒板に大きく書いたり，「友情とは〇〇」と穴埋め式にしたりすると，より効果的である。

❸内容の本質に迫るためのウォーミングアップの時間とすること

> **change**
>
> 友情って,友達とのきずなです。
>
> そうですね。
>
> ↓
>
> 友情って,友達とのきずなです。
>
> 友達とのきずなって,家族とのきずなとは違いますか? 先生とのきずなとも違いますか?

　本時のねらいは,「友達と互いに理解し,信頼し,助け合おうとする心情を育てる」である。友達との関係だけを考えるよりも,「先生」や「家族」など,自分の周りの様々な人間関係と比較して考えることで,友達との関係の特徴や,友情の価値について気づきやすくなる。

　「絵はがきと切手」では,料金不足の郵便物を送ってきたのが「友達」だったからこそ,忠告しようかどうかという葛藤が生まれている。もし,友達ではなく,家族や教師が料金不足の郵便物を送ってきたらどうだろうか。大半の子どもは「忠告する」と判断するだろう。

　子どもたちにとって,友達,家族,教師は身近な存在であるが,それぞれの関係性の度合いは異なる。それを踏まえた上で,友達にはどのようにしていくことが一番よいのか,真の「友情」と言えるのかを思考し,判断し,自分の考えを表現していくことにおいて,この「絵はがきと切手」は優れた読み物教材である。

　授業の展開部で,このようにいろいろな状況を頭に描きながら思考,判断,表現していくために,導入部でウォーミングアップを図っていくとよい。

授業の終末部をチェンジする

1　授業の終末部をチェンジするとは

　道徳授業だけではないが，授業は「導入部」「展開部」「終末部」で構成されることが一般的である。
　導入部では，「今日はこの学習をするんだ」という見通しをもたせることで授業に安心して参加できるようにしたり，授業のねらいをつかませたりすることが大切である。
　展開部では，本時でねらいとする道徳的価値に迫っていく。話し合い活動をしたり，役割演技をしたりすることもあるだろう。そのような活動を行っていくうちに，授業のねらいから外れてしまうこともあり得る。
　したがって，終末部は，授業のねらいに再度注目する時間とすることが大切である。授業のねらいに立ち戻った上で，展開部までで学んできた道徳的価値について理解できたことを確かめるとともに，これからの自分の生き方へとつないでいくことが求められる。
　「自分の生き方へつないでいく」とは，学んだ内容について「本当にこれでいいのかな」「もっといいことはないのかな」「自分でできることはないかな」「こういう考えもあるな」など，今後の自分の生活をより豊かにする意欲を高めるようにすることである。
　終末部は，時間がたりなくなってカットされてしまったり，授業時間を超過して行われてしまったりしがちである。また，指導案では「教師による説話」と記載されているだけで，その内容について検討されることも少ない。今こそ，終末部を授業のユニバーサルデザインの視点で見直したい。

2 授業の終末部に必要な二つの視点

【学　　年】　小学校6年生
【内容項目】　規則の尊重
【ね ら い】　法やきまりの意義を理解した上で進んでそれらを守り，自他の権利を大切にし，義務を果たそうとする心情を育てる。
【教 材 名】　「『BEEMS』結成！」（東京都教育委員会）
【あらすじ】　警視庁の「自転車安全利用指導啓発隊（Bicycle Education & Enlightenment Mobile Squad）は，自転車の交通ルールの指導や乗車用ヘルメットの着用の啓発を行っている。自転車の交通ルールやマナーについて考えることができる教材である。

本時の展開部では，統計的な資料を基に自転車が関わった事故の割合の高さや，自転車に乗る時のルールやマナーについて調べ，「なぜ自転車の交通ルールやマナーを守れない人がいるのでしょうか」と発問をした。これについては，グループごとに話し合いを行った。

子どもたちからは，「ルールを知っていても急いでいたらやぶってしまう」「『まあ，いいか』と思ってルールを守ろうとしない」「面倒と思って守らない」などの意見が出た。

小学校6年生の子どもたちは，事故が起こることを防ぐために自転車の交通ルールやマナーがあることは当然知っている。しかし，知っていながらも「まあ，いいか」と自分の都合を優先してしまっているのが現実である。

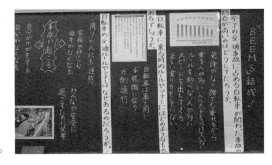

そのことをまず自覚すること，それでもなぜ交通ルールやマナーを守っていかなければならないのかを考えることが，本授業の本質である。その点でも，展開部では「規則の尊重」を多面的・多角的に捉えることができるようにするため，グループでの話し合い活動を設けた。

〈3班〉
・ルールを知っていても急いでいたりしたら破ってしまう
・ルールを知らない人がいる
・「まあ、いいか」と思ってルールを守ろうとしない
・面倒と思って守らない

さて，この展開部を受けて，どのようにしたら，道徳的価値について理解できたことを確かめるとともに，これからの自分の生き方へとつないでいく終末部にできるだろうか。

道徳授業の終末部でよく行われるのは「教師の説話」である。そこで，授業のユニバーサルデザインの視点で，終末部の教師の説話をチェンジする。

❶学習指導要領に示されている発達段階に着目すること

> change
>
> 　ルールを甘くみているとどうなってしまいますか。
> いいことは一つもないですよ。
> ルールがあるのは安全で楽しく暮らすためです。
>
>
>
> 　ルールがあるのは，義務であるということです。
> みなさんには自由に生きる権利がありますが，権利があるのだから義務もあるのです。

そもそも，子どもたちにとってわかりやすく，考えやすい内容とは，発達段階に応じた内容である。

発達段階を知るには，「学習指導要領」が最も参考になる。「学習指導要領」に書かれている各学年間の違いに着目するとよい。

「小学校学習指導要領解説　特別の教科　道徳編」の「規則の尊重」の内容項目では，以下のようなねらいが示されている。

○約束やきまりを守り，みんなが使う物を大切にすること
　　　　　　　　　　　　　　　　　　　　　　　（小学校1・2年生）
○約束や社会のきまりの意義を理解し，それらを守ること
　　　　　　　　　　　　　　　　　　　　　　　（小学校3・4年生）
○法やきまりの意義を理解した上で進んでそれらを守り，自他の権利を大切にし，義務を果たすこと　　　　　　（小学校5・6年生）
○法やきまりの意義を理解し，それらを進んで守るとともに，そのよりよい在り方について考え，自他の権利を大切にし，義務を果たして，規律ある安定した社会の実現に努めること　　　　　（中学生）

　ここで注目したいのは，小学校5・6年生ではじめて「義務」という言葉が登場していることである。つまり，この「規則の尊重」の内容項目の授業では，「義務」についてふれることが大切であり，それは小学校5・6年生の発達段階に相応であるということである。
　展開部では，子どもたちからはなかなか「義務」という言葉は出てきにくい。したがって，教師の説話の中で「権利」という言葉とも関連させながら，「義務」という言葉にふれておくことが大切である。

❷時間通りに終わること
　終末部で気をつけるべきは「授業時間の超過」である。授業時間を超過していては，子どもたちの集中力は続かなくなる。決められた時間内で授業が終わるということも，安心できる授業づくりにおいては重要な視点である。
　終末部にかかる時間を意識しながら，その前の展開部の時間配分をしていく。これは，どの教科の授業でも言えることであり，教師の授業力として意識していくとよい。

多様な考えの引き出し方を
チェンジする

1　多様な考えの引き出し方をチェンジするとは

　教室にはいろいろな個性をもつ子どもたちがいる。一人一人の違いを認め，多様な感じ方や考え方を大切にした授業をつくっていくことは，まさしくユニバーサルな考え方そのものである。授業のユニバーサルデザインでは，様々な支援が必要な子どもたちが教室で共に学ぶことを前提とした上で，より多くの子どもたちにとってわかりやすく，考えやすい授業を目指している。

　道徳授業では，多面的・多角的に考える学習活動が望まれる。そのために，子どもたちの多様な感じ方や考え方がたくさん表れるように「言葉のやり取り」を活発にしていくことが求められる。

　しかし，仲間意識の強さゆえ，友達と違う意見を出すのは勇気がいると感じている子どもは多くいる。

　また，正解を答えるのに慣れている子どもは，「間違った意見は言いたくない」という思いも強い。

　子どもたちが，友達と違う意見でも安心して発言することができる学級づくりや，多様な考え方を受け入れることのできる道徳授業づくりを，授業のユニバーサルデザインの視点から見直していく。

2　多様な考えを引き出すために必要な三つの視点

【学　　年】　小学校4年生

【内容項目】　友情，信頼
【ね ら い】　友達と互いに理解し，信頼し，助け合おうとする心情を育てる。
【教 材 名】　「絵はがきと切手」（文溪堂）
【あらすじ】　料金不足の定形外郵便物をもらったひろ子は，送り主である友達の正子に忠告しようかどうか迷う。

❶多様な考えを選択肢で示すこと

> change
>
> 　お兄さんとお母さんの意見を聞いて，ひろ子さんはどんなことを考えたでしょう。
>
>
>
> 　あなたに一番近い意見はどれですか？
> 　ア　お礼だけ言う
> 　イ　料金不足のことを言う
> 　ウ　何も言わない
> 　理由もいっしょに考えましょう。

「ひろ子さんはどんなことを考えたでしょう」という発問は，子どもに自由な意見を言わせようとする意図が感じられる。

チェンジした発問では，あらかじめ教師側でいくつかの意見を用意しておき，その選択肢の中から選べるようにした。「あなたに一番近い意見はどれですか？」と発問することで，自分の立場をより明確にすることができる。また「自分の意見と，一番違うのはどれですか？」と発問することも可能であり，この場合は他者の多様な考えを認めることにつながる。

❷視点ごとの選択肢をつくること

> **change**
>
> 　ひろ子さんが、料金不足のことを知らせようと決めたのはなぜですか。
>
>
>
> 　ひろ子さんは、「料金不足のことを言う」ことにしました。あなたに一番近い意見はどれですか？
> 　ア　いいことをするとすっきりした気分になるから
> 　イ　友達のためを思ってやったことは、友達も喜んでくれるから
> 　ウ　相手のことを考えて行動できる人が本当の友達だから

「絵はがきと切手」の主人公のひろ子が、料金不足のことを友達の正子に知らせるか葛藤した後の場面である。ここでは、なぜ料金不足のことを知らせようという判断をしたのか、その理由や根拠を子どもたちが考えやすくなるように選択肢を設けた。

アは「自分自身の視点」である。「すっきりした気分」になるのは自分である。

イは「他者の視点」である。「友達も喜んでくれるから」というのは、友達の正子が喜んでくれることを想像したからある。

ウは「一般的な道徳の視点」である。一般的な道徳の視点は、それぞれの個別の場面を判断する際の基準となる。

選択肢を「自分自身の視点」「他者の視点」「一般的な道徳の視点」の三つから構成したのは、子どもたちが多面的・多角的な思考をできるようにするためである。

この三つの視点は、どれが正解であり、どれが間違っているかということではないことを、子どもたちに伝えておくとよい。

❸教師のユニバーサルな感覚を高めること

> change
>
> ぼくは〇〇だと思います。
>
> 他の人はどうですか？
>
> ↓
>
> ぼくは〇〇だと思います。
>
> なるほど，一つの見方として，大事な意見ですね。

　多様な考え方を育てるために最も重要なことは，みんなと違う意見を言った子どもを認め，大事にしていくことである。子どもは，教師が多様な考えを受け入れてくれる人かどうかをよく見ている。

　「みんなと違う意見を言って，おかしいと思われたらどうしよう」「もし間違ったことを言っていたらどうしよう」と，発言することをためらう子どもがいる。結果として，いつも同じ子どもばかりが発言するようになってしまう。学級がそういう雰囲気になってしまっているのならば，それは教師がユニバーサルな姿勢をもつことで改善されていくだろう。

　子どもの意見を正解かどうかという視点で見るのではなく，子どもが何を大事にしているのかという視点で見ていくことが，道徳授業での教師のユニバーサルな姿勢である。

　安心して学ぶことのできる授業づくりこそ，授業のユニバーサルデザインで大切なことである。日頃から，教師が一人一人の見方を大切にして，そのことを子どもに伝えていく，その積み重ねが，安心して過ごすことのできる学級づくりにつながっていくのである。

視覚的な支援をチェンジする

1 視覚的な支援をチェンジするとは

　教師の話，友達の発言，読み物教材，これらは全て言葉による「情報」である。教師の話や友達の発言は音声言語なので，耳から入ってくる聴覚的な言葉による情報である。一方，読み物教材は文字言語なので，目から入ってくる言葉による視覚的な情報である。

　目から入ってくる視覚的な言葉による情報を，よりわかりやすくする方法として，板書の充実が挙げられる。道徳の授業では，カードやイラストを使用して美しく授業全体が表されている計画的な板書がよく見られる。

　このような板書，すなわち視覚的な工夫によって，内容を理解できるようになる子どもがいる一方で，それでもなかなか内容を理解できない子どももいる。その子どもは，視覚的な情報よりも，聴覚的な情報の方が理解しやすいのではないかと考えられる。

　教室には，視覚的な情報だと理解しやすい子ども，聴覚的な情報だと理解しやすい子どもの両者がいるだろう。

　さて，この視覚的な情報入力と，聴覚的な情報入力による人間の認知処理の違いについて，もう少し専門的に見ていこう。

　特別支援教育では，人間の認知処理の特性に基づいて支援の方策を立てることがある。認知処理とは「入力された情報をどのように捉え処理するか」ということである。認知処理に基づく支援の方策を立てる時には，「継次処理」と「同時処理」という二つの認知処理のタイプを知っておくとよい。

　「継次処理」とは，情報を一つずつ時間的な順序によって処理する認知の

仕方である。

　例えば，かけ算九九の学習の場面を想定してみよう。「にいちがに，ににんがし……」と音読したり，「2が3こで6になる」というように，お話で示してあげたりすると理解しやすいタイプの子どもは，継次処理型である。

　音読やお話は，音の時間的なつながりによって成り立っている。
　すなわち，部分的な単語が順序よくつながることで，全体的な内容が理解できる。部分から全体を捉えることが得意なのが，継次処理型の特徴である。
　一方，「継次処理」に対して「同時処理」という認知処理のタイプがある。「同時処理」とは，複数の情報をその関連性に着目して，全体的に処理するものである。

　例えば，先ほどのかけ算だと，九九の表を見ながらだと理解しやすいタイプは，同時処理型と言える。かけ算九九の表は，視覚的に「ぱっと見てわかる」全体的なものであり，個々のかけ算は部分的なものである。継次処理とは逆に，全体から部分を捉えることが得意なのが，同時処理型の特徴である。

　継次処理型，同時処理型は子どもの学習だけに見られるものではなく，教師の板書でもどちらかの傾向を見て取れることがある。

　例えば，「漢字ドリルの漢字をノートに書いて，できた人は手をあげる」ということを板書で子どもに伝える時，図3のような板書は，継次処理型の板書と言える。

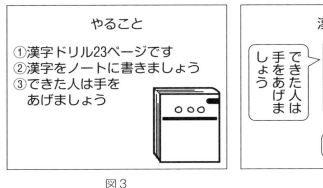

図3　　　　　　　　　　図4

一方，図4のような板書は，同時処理型の板書である。
　おそらくどの学級にも，継次処理型の子どもと，同時処理型の子どもの両者がいるだろう。注意したいのは，どちらかの一方の認知処理が強くて，一方の認知処理が弱いアンバランスな特性の子どもがいた場合である。
　例えば，継次処理の特性が強くて，同時処理の特性が極端に弱い子どもがいたとする。その子どもは，図4の同時処理型の板書では，何をしたらよいのか理解しにくいのである。
　多くの子どもは，どちらかといえば継次処理型，どちらかといえば同時処理型のように，どちらかが優位であったとしても，さほど問題にはならない。しかし，どちらかの認知処理が極端に強かったり，極端に弱かったりすると，その子どもは弱い方の認知処理に偏った情報提示をされると理解しにくくなることがある。
　さて，道徳授業で見られる板書は，全体的であり関連性を示している同時処理型の板書が多いように思う。もしかしたら，道徳授業の板書を得意とする先生は，同時処理型のタイプが多いのかもしれない。
　このような板書を中心に授業を進めていくことは，同時処理が極端に苦手な子どもにとっては，理解しにくいということを，ぜひ知っておいてほしい。
　授業のユニバーサルデザインの視点で視覚的な支援を考える際には，継次処理と同時処理の認知特性を理解し，どちらの子どもにとってもわかりやすくしていくことが必要である。

◆継次処理型の子どもへの指導
・順序性を示す
・まず部分的に，それから全体に着目させる
・言葉（会話や文章）による支援を用いる

◆同時処理型の子どもへの指導
・関連性を示す
・まず全体的に，それから部分に着目させる
・視覚的（ぱっと見てわかる），運動的（体を動かす）な支援を用いる

2 視覚的な支援に必要な二つの視点

❶同時処理型の子どもに配慮すること

　この板書計画では，同時処理型への配慮として，授業の全体像を授業の予定というコーナーを使って示している。また，「お兄ちゃん」と「お母さん」，意見の「A」と「B」を瞬間的に同時に比較できるようにしている。これにより，二つの情報の関連性を示すことができ，同時処理型の子どもにとって有効となる。

❷継次処理型の子どもに配慮すること

　継次処理型への配慮は，①②③と数字で順序性を示しているところである。
　板書は，基本的には同時処理型の子どもに有効なものである。したがって，継次処理型の子どもに対しての配慮としては，板書に示したことを「口頭でも伝える」ことがポイントである。

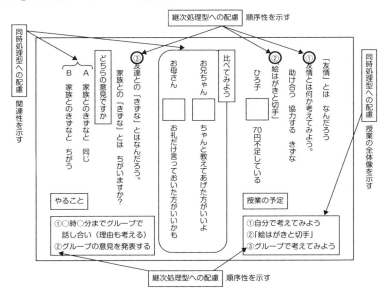

2章　ユニバーサルデザインの視点でチェンジする授業づくり15のポイント

ワークシートをチェンジする

1 ワークシートをチェンジするとは

　ワークシートは，考えたことを自分の言葉で書き表すものであり，道徳授業でもよく使われている。
　授業のユニバーサルデザインの視点では，まず，どのようにしたらより多くの子どもたちが書き表しやすくなるかを工夫する。そして，書き表しやすくなったワークシートを用いて，どのようにしたらより道徳的価値に迫ることができるようになるかを考えていく。

2 ワークシートに必要な二つの視点

【学　　　年】　小学校1年生
【内 容 項 目】　親切，思いやり
【ね　ら　い】　身近にいる人に温かい心で接し，親切にしようとする心情を養う。
【教　材　名】　「はしの上のおおかみ」（文部科学省）
【あ ら す じ】　狭くて一人しか渡れない一本橋の真ん中で，おおかみは毎日やってくる動物たちにいじわるをして通れなくしていた。ある日，橋の上で自分よりも大きなくまと出会う。くまがおおかみを優しく通してくれたことから，おおかみは他の動物に優しくするようになる。

---

❶視覚的にチェンジすること

図5

図6

【子どもが記入する欄】

　図5は，ふきだし部分のフリースペースに書き込むようになっている。フリースペースは，どのくらいの分量を書けばよいのか，どのくらいの大きさの字で書けばよいのかがわかりにくい。文章を書くことに苦手意識のある子どもは，それだけで書くことへの抵抗につながりやすい。特に，まだ文字を習ったばかりの小学校1年生の子どもたちの授業ということを考えると，フリースペースはふさわしくない。

　改善した図6では，書く分量や位置をわかりやすくするために，ふきだしの中にマス目をつくった。名前を記入する欄を線で囲み，名前をどこにどのくらいの大きさで書けばよいのかをわかりやすくした。

　さらに，「なんてやさしいくまさんだろう」と，書き出しの文を一文入れた。これによって，子どもはどのようなことを書けばよいのか，ヒントを得ることができる。

【指示文】
　図5は，指示文の文章そのものが長く，何を書いたらよいかがはっきりしない。特に読むことに困難さがある子どもは，この指示文を見ただけで，やる気を失ってしまうだろう。
　改善した図6では，文章を精選した。これだけでも何を書いたらよいかは子どもたちに伝わるだろう。「どんな気もち」は，特に必要なキーワードなので，強調するために傍線を引いた。

【イラスト】
　図5は，全体におけるイラストが占める割合が大きい。刺激物によって注意が散漫になりやすい子どもにとっては，イラストに注意がいきすぎて，肝心の学習が阻害されてしまうことがある。
　図6では，注目すべき部分とイラストとの比率や大きさを調整した。

❷「考える道徳」にチェンジすること
　道徳授業では，これまで登場人物の心情理解のみに偏った授業が多く行われていたという指摘があり，今後は「考える道徳」への転換が求められている。
　図7は，より多くの子どもが，本時のねらいを達成できるようにするために，何を考えればよいのかをわかりやすく改善したワークシートである。

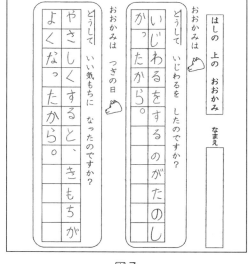

図7

【指示文】
　図7では，「どうしていじわるをしたのですか？」「どうしていい気もちになったのですか？」と，登場人物の行動や心情の変化の理由を考える指示文にチェンジした。本時のねらいは「身近にいる人に温かい心で接し，親切にしようとする心情を養う」である。いじわるをしていた時より，親切にした時の方が，気持ちがよくなるということに気づけるような指示文であれば，本時のねらいに即していると言える。登場人物の心情理解にこだわる必要はないのである。

【教材研究・教材解釈】
　教材研究・教材解釈では，その読み物教材がどのような効果をねらって，子どもたちに道徳的価値を訴えかけようとしているのか，教師はその視点をおさえておくべきである。どの教科でも教材研究・教材解釈は重要であるが，特に道徳科では事前に読み物教材の特徴を把握しておくことが必要である。
　「はしの上のおおかみ」は，おおかみの行動に沿って話が進んでいくが，くまに出会う前と，くまに優しくされた後の，おおかみの心情の変化が一番のポイントである。その心情の変化を対比させることで，親切にしようとすることの大切さについて考えることができるように，ストーリーが構成されている。
　図7は，この対比の構成を生かし，おおかみがくまに出会う前にいじわるをしていた場面と，くまに親切にしてもらった後の場面を対比できるようなデザインとした。
　子どもの答えに着目してみると，図5では「くまさんみたいにやさしくなりたいな」というおおかみの気持ちの表現だけにとどまってしまっている。しかし，改善した図7では「やさしくすると，きもちがよくなったから」と，親切にすることのよさに気づくことができている。
　このようにワークシートのデザインを改善することによって，より「考える道徳」に近づくことができる。

話し合い活動をチェンジする

1 話し合い活動をチェンジするとは

　子どもたちに道徳的価値の自覚を促したり、自分の生き方についての考えを深めさせたりするためには、話し合い活動によって友達と意見を出し合ったり、討論や議論をしたりすることが有効である。なぜなら、自分がわかっていることや、考えていることを他者に伝えることで、より自分の考えが確かなものになるからである。

　授業のユニバーサルデザインの視点では、話し合い活動における「言葉のやり取り」がスムーズにできるための工夫を考えていく。

2 話し合い活動に必要な二つの視点

❶話し合い活動をはじめる前に配慮すること
【机の移動・机上整理】

　3～4人のグループで話し合い活動をする場合、机を動かさなければならない。机をどこに動かしたらよいか、例えば、床にマーキングをするとわかりやすくなる。話し合い活動の場を整えることが、話し合い活動を充実させる第一歩である。

　また、机上整理を、話し合い活動の前に行うとよい。ちょっとした刺激に反応しやすい子どもは、他人の持ち物に気がそれてしまうことがある。筆箱や教科書は必要なかったら机の中にしまうようにする。

　中学校では、机の脇にバッグをかけている場合が多く、机がきれいにくっ

つかないこともある。バッグを他の場所へ移動させるとよい。

【時間の見通し】
　どのくらいの時間，話し合い活動を行うのか，時間的な見通しがつくと，子どもたちも話し合いをコントロールしやすくなる。
　あらかじめ「〇分間で」「〇時〇分まで」と指示した上で，話し合い活動をはじめるとよい。タイマーを用いる場合は，子どもがよく見えるように配慮する。
　なお，設定した時間よりも早く話し合いが終わってしまうこともある。関係のないおしゃべりが多く見られた時には，一度教師が全体活動に戻すとよい。

❷意見を引き出すためにできること
　話し合い活動を充実させるためには，教師が子どもの言動に適切な反応をしていくことが重要である。

【ほめ言葉をチェンジする】

> **change**
> 　あなたの意見，すごいね！
> 　　　　　↓
> 　あなたの意見に息をのんだよ。

　子どもの発言をほめることの重要性は言うまでもない。しかし，ほめ言葉がマンネリ化していないだろうか。
　慣用句を使うと，ほめ言葉も改善できる。言葉を豊かに表現することは，子どもにとってのよいお手本となるだろう。

【プロセスを評価する】

> change
>
> いい意見ですね。
>
> ↓
>
> よく考えましたね。

　子どもたちは発言の内容を気にしがちである。
　しかし,「考えることが大事なんだよ」というメッセージを伝えることで, より話し合い活動に対しても前向きに取り組むことができるようになるだろう。
　つまり, 発言の内容だけではなく, 思考した過程にも着目してほめることで, より多くの子どもに考えることの重要性を伝えることができる。
　すなわち「プロセスを評価する」という, 道徳授業で大切にしたい視点である。

【成長を認める】

> change
>
> なるほど, ○○さんの意見はよくわかりました。
>
> ↓
>
> ○○さんの考え方, 今までよりずいぶん発展しましたね。

　学期や学年を通して子どもが思考・判断を重ねた「プロセスを評価する」視点である。
　道徳科の評価として通知表などに記載するだけでなく, 授業時の発言を捉えて, 今までの成長を認め, 励ますことは効果的である。

【他者の意見から学べるように】

change

 ○○さんのような考え方もあるね。

↓

 ○○さんは自分の考えをもっていることがすばらしいよ。
他の人の意見も受け入れて，もっといい意見にしよう。

　ピントがずれている意見が子どもから出た場合，まず認めた上で，これからどのようにしたらよいかを具体的に教えていくとよい。
　道徳授業では，多様な考えを認めていくことはもちろん大切であるが，同時に友達の意見から学んで道徳性を育てていく視点も大事にしたい。

【中傷には毅然と】

 何を言っているんだよ。おかしな意見だなあ。

このように友達の意見を中傷する意見が出た場合は，

change

 そんなことは言わないんだよ。

↓

 口にしてはいけないこともあるんだよ。

　話し合い活動は子どもたちの主体的な活動であるが，それは望ましい人間関係のもとでなされるべきである。したがって，人を中傷する発言には，教師が毅然と対応しなければならない。

道徳授業の言語活動をチェンジする

1 道徳授業の言語活動をチェンジするとは

　読み物教材を読んで，登場人物の行動や心情を理解するためには，そこに書かれている言葉や文章を理解する力が必要である。
　友達の意見を聞いて，正しく理解するためには，話し言葉を的確に聞き取る力が必要である。
　自分が考えたことを他者に話したり，書いたりして効果的に伝えるためには，知っている語彙を適切に使いこなす力が必要である。
　いずれにしても，道徳授業において基盤となる力は，言葉の力である。
　「この時の主人公の気持ちはどのようなものですか？」と発問した時に，「○○さんの意見と似ていて，××だと思います」と，子どもたちから，「似ているけれど」「つけたしで」と，同じような内容の発言が出てくることがある。友達と同じような内容の意見でも，子どもの立場になってみれば，心の内は微妙に違うものである。自分の知っている言葉でその微妙なニュアンスを表現しようとしているのである。
　授業のユニバーサルデザインの視点では，他者の考え方や感じ方を言葉でわかりやすく示し，子どもたちが理解しやすくなるようにしていく。子どもの発言を「それは○○さんの意見と同じだね」と強引にまとめてしまわずに，その微妙な言葉のニュアンスを理解し，大切に扱うこと，それが言語活動の充実につながる。他者の考え方や感じ方との微妙な異同に気づけるような言葉の力を高めるようにするとよい。

2 道徳授業の言語活動に必要な二つの視点

【学　　年】　小学校3年生
【内容項目】　友情，信頼
【ね ら い】　友達と互いに理解し，信頼し，助け合う心情を育てる。
【教 材 名】　「ないた赤おに」（文溪堂）
【あらすじ】　赤おには，人間たちと仲よくなりたいと思っていた。友達の青おには，自分をやっつければ人間は安心して赤おにと仲よくしてくれるだろうと提案する。村で暴れる青おにを赤おにが追い出し，村人たちは赤おにに心を開くようになった。しかし，赤おには青おにの友情に気づき，涙を流す。

❶選択肢から「どれが一番か」を選ぶこと

 青おにからの手紙を読んだ時，赤おにはどのような気持ちだったでしょうか？

物語の後半部，青おにの友情に対して，赤おにがどのように感じたのかを，このように発問した。

```
ア　青おにに，悪いことをしてしまったと思った
イ　青おにのことを忘れていて，「しまった」と思った
ウ　青おにの本当の気持ちを，わかってあげられなかった
エ　青おにといっしょに，人間と仲よくなればよかった
オ　自分のことばかり考えなければよかった
```

子どもからは，このような五つの意見が出た。そこで，次の発問をチェンジしてみた。

> **change**
>
>
> いろいろな考えが出ました。さて，青おにの手紙をもう一度読んでみましょう。この手紙を読んで，赤おにはどんなことを考えたでしょう。
>
> ↓
>
>
> どれが一番友達のことを考えていると思いますか？
> 隣の人と話し合って，同じ意見になるか，違う意見になるか比べてみましょう。

　この中からどれか一つを選ぶには，全ての意見を比べて，その微妙な言葉のニュアンスの違いを理解しなければならない。
　この場合，アからオまでのどの意見も間違いではない。どの意見も赤おにが自分の行動を振り返っている内容である。
　もちろん，正解を選ぶ作業ではないので，それぞれの子どもにとっての一番があってよい。
　必然的に，子どもたちは「自分だったら」と自分事として，自分のこれまでの経験を想起し，思考し，判断したことを言語化することになる。
　そして，「隣の人と話し合って，同じ意見になるか，違う意見になるか比べてみましょう」という対話的な学習を取り入れた。隣の友達と意見を交換し合い，同じ意見になるか，違う意見になるかを話し合うことで，自分の考えとの差異に気づきやすくなる。
　このように，子どもたちの言葉を大切に扱って活動を組み立てていくプロセスこそが，授業における言語活動である。この活動の中で，違う考えをもつ相手も尊重する姿勢を育てていくことが大切である。

❷自分の考えを整理したり，まとめやすくしたりすること

終末部の発問は次のようにチェンジした。

> **change**
> 　本当の友達とはどのようなものですか？
>
>
>
> 　学んだことを書いてみましょう。
> 「友達を大切にするには（　　　）」

穴埋め式にして，カッコの中に自分の考えを言葉で入れるようにした。

自由に書くのではなく，穴埋め式にすることで，この場合「友達を大切にするには，〇〇である」と，自分なりの友情の定義を考えることとなる。言葉の定義は，言葉でしかできない。まさに言語活動である。

ちなみに，なかなか言葉が思い浮かばない子どももいるだろう。その場合は，教師が個別の指導を行うこととなる。どのようにして，子どもにこのカッコの中の言葉を考えさせればよいだろうか。

ポイントは，この授業のねらいを，どれだけ教師が授業の中で言語化してきたかである。

本時の「ねらい」は，「友達と互いに理解し，信頼し，助け合う心情を育てる」である。「理解」「信頼」「助け合う」というキーワードに基づく言葉，例えば「友達をわかってあげること」「友達を信じてあげること」「困った時に助けてあげること」などを，授業の中で教師が数多く言語化して示すことで，これらのキーワードが子どもの印象に残るようにしていくのである。

道徳授業に限らず，授業とは「ねらい」に基づくことが基本である。このように，学習のまとめの際に，自分の言葉で言語化していく習慣をつけることが，子どもにとっても，教師にとっても重要な言語活動となる。

役割演技をチェンジする

1　役割演技をチェンジするとは

　役割演技は，これまでも道徳授業でよく実践されてきた。
　道徳授業での役割演技では，読み物教材の登場人物になりきって演じたり，実際の教室で起こりそうなこと（例えば，友達から優しい言葉をかけられた場面や，友達から仲間はずれにされた場面など）を再現して，その時の気持ちを実感してみたり，というようなことがよく行われている。
　子どもたちが模擬的に動作や演技をすることで，読み物教材をただ読むだけよりも，その場面の状況や登場人物の心情の理解がしやすくなる。また，実際に動作や演技をすることで，困難な場面に立ち会った時にも，何か前向きなことができそうな感覚や勇気を味わうこともできる。この点については，役割演技の効果が認められるだろう。
　しかし，道徳授業において，役割演技の効果が達成されていない場面が見られることもある。そのような道徳授業における役割演技の課題をあえて２点指摘する。
　１点目は，子どもたちにとって役割演技が娯楽的な楽しさだけで終わってしまう，いわゆる「活動あって学びなし」に陥りやすい点である。
　「活動あって学びなし」と言われる状況は，道徳授業の役割演技だけの問題ではなく，他教科でも実際の動きを伴った活動を行う時によく見られる。つまり，授業のねらいから外れてしまっている状況である。
　授業はねらいに基づいて展開されるものでなくてはならない。道徳授業の役割演技で言えば，あくまでも，道徳授業のねらいを達成するための役割演

技であるかどうか，何のために役割演技を取り入れるのかというところを大切にしなければならない。

　２点目は，人前で即興的に演じることの心理的な負担である。道徳授業の役割演技は，学芸会のお芝居とは違い，即興的な要素が非常に強い。

　筆者は，長年にわたり小・中学生の劇団を主宰してきた経験がある。意志をもって劇団に所属し，それなりに人前で演じることが好きで，それなりにトレーニングを積んでいる子どもでも，即興的な演技は非常に難易度が高い。もちろん，即興的な役割演技だからこそ，その演技を遊び感覚で楽しめる子どもも多くいる。しかし，全員が役割演技を心理的な負担なしにできるという前提は乱暴である。

　また，人前で演じると「上手だったね」と，演技そのものに対する教師や友達の評価を受けることが多い。上手な演技かどうかが，道徳科の評価の対象とはならないことは言うまでもない。

　しかし，教師や友達のささいな一言，笑いが起こる雰囲気，はやしたてる雰囲気に対して，敏感に反応する子どももいる。ポジティブな評価だけではない。「もっと大きな声で言わないとわからないよ」「恥ずかしがらないでやりましょう」など，否定的な声かけがなされることもあるだろう。役割演技での心理的な負担による負のイメージが，人前で自分の意見を述べることへの不安へとつながることも，十分に考えていかなければならない。

　道徳授業における役割演技の意義は，新たな気づきを得るためと考える。新たな気づきを得るということは，自分の考えが全てではないということに気づくきっかけとも言える。自分がこれまで確かだと思っていた考えが揺らいだり，価値づけられたりする経験が道徳的な価値観の形成のためには有効である。

　授業のユニバーサルデザインの視点では，安心して参加できる役割演技を目指していきたい。

2 役割演技に必要な二つの視点

【学　　年】　小学校4年生
【内容項目】　個性の伸長
【ね ら い】　自分の特徴に気づき，長所を伸ばそうとする意欲や態度を養う。

❶ 「何のための役割演技なのか」を明確にすること

> change
>
> 自分のよいところを考えましょう。
>
> ↓
>
> 「自分のよいところコマーシャル」をつくりましょう。

　前述の1点目の「何のための役割演技なのか」を明確にするために，「自分のよいところコマーシャル」という学習活動を設定した。

　これは，自分の特徴を考え，その中で一番自分がアピールしたいものを選び，それをテレビコマーシャルのように，15秒間で発表する活動である。

　この活動は，授業のユニバーサルデザインの視点から，以下のように整理できる。

【場所】　役割演技する場所をテレビフレームに見立てることによって，立ち位置を明確に定めることができる。見ている人の視点を固定することができるため「見やすくなる」。
【時間】　集中できる時間が短い子どもがいたとしても，15秒間は「集中

しやすい」長さの時間である。
【目的】 自分のよいところをどのように他者に伝えればよいか，段階的に発表に向けての準備を積み重ねていくことで，何を役割演技したらよいのかが「わかりやすくなる」。

この「自分のよいところコマーシャル」は，株式会社電通が開発した「広告小学校」の第2ユニット「自分探検CM」を参考にした。広告小学校はコミュニケーション力の育成に主眼を置くが，とてもフレキシビリティの高い活動であり，道徳科のねらいの達成にも使えるものである。

❷「心理的な負担」を軽減すること

change

 自分のよいところを考えましょう。
⬇
 ○○になったつもりで，「自分への手紙」を書きましょう。

前述の2点目の，「心理的な負担」を軽減するための役割演技である。
○○には，友達，母親，父親，先生など様々な立場の人が考えられる。他者になったつもりでというのは，役割演技の形態である。
この役割演技による「自分への手紙」は，誰かに見せるために書くわけではない。つまり，自分宛の手紙であるから，思いきり本音を書くことができるというところが，「心理的な負担」の軽減になる。「心理的な負担」を軽減し，安心して取り組める活動にすることは，授業のユニバーサルデザインの視点として重要である。
役割演技の本質は，役割演技を介して，自己を語ることである。役割演技そのものが目的ではなく，いかに自分の内面にあるものを思考，判断，表現していくことができるかがポイントである。

他教科等の特質に応じて
道徳教育をチェンジする
（図画工作科の実践より）

1　他教科等の特質に応じて道徳教育をチェンジするとは

　道徳教育は，道徳科の授業を要としながら，学校の教育活動全体を通じて行うものである。各教科等の学習指導要領においても，道徳教育との関連についての事項は明記されている。学校では，教科の枠を超えて，育てたい子どもの姿や道徳教育の基本方針，重点化する指導内容などを校内で共有しながら，教育内容を組み立て実施していくことが求められている。つまり，他教科等の授業でも，その特質に応じて道徳教育の視点を取り入れ，教育活動全体で道徳教育を推進していくのである。

　図画工作科は，テーマに応じてどのように表現していくのかを考え，造形や鑑賞の学習を通して一人一人の見方や感じ方を育てていく教科である。鑑賞の学習では，題材を基に各自がつくり上げた作品を友達とお互いに見せ合い，気づいたことを伝え合う学習場面がよく見られる。自分や友達の作品の好きなところや優れたところを見つけたり，表現したりすることも大切だが，それだけではなく「相手のよかったところを見つけられた自分」を肯定していくことも大事である。「相手のよかったところを見つけられた自分」を大事にしていくことは，道徳科の内容項目「相互理解，寛容」に関連する。

　具体的には，友達のつくった作品を見て，自分と同じだな，自分と少し似ているな，自分とは少し異なるな，自分とは正反対だなというように，自分とは異質なものにふれて，それを認めることができるような学習活動を行う。そのためには，鑑賞の視点を明確にした発問が必要である。そして，子どもたちが自分とは異なるものも受け入れ，認めることができたことを，教師が

即時評価していく。即時評価は，子どもたちの発言やワークシートの内容に対してコメントする方法が考えられるが，この時に道徳科の内容項目「相互理解，寛容」の視点をもって，子どもたちにコメントしていくようにする。このようにすることで，図画工作科の鑑賞の学習のねらいと，道徳科の内容項目「相互理解，寛容」のねらいの両方を，一つの授業に設定することが可能となる。

そして，道徳科の内容項目を取り入れた授業を構想していくためには，授業のユニバーサルデザインの視点が大いに役立つ。本時のねらいを明確化して，それをわかりやすく子どもたちに示していくことで，「より多くの子どもたちにとってわかりやすくデザインされた授業」に近づけることができるだろう。

2 図画工作科での道徳教育に必要な二つの視点

【教　科】　図画工作科
【学　年】　小学校3年生
【題材名】　クリスタルファンタジー（日本文教出版）
【ねらい】　光を通す材料の組み合わせ方を工夫して，思いついたものになるように立体に表す。
【関連する道徳科の内容項目】
B　主として人との関わりに関すること
「相互理解，寛容」
〔第3学年及び第4学年〕　自分の考えや意見を相手に伝えるとともに，相手のことを理解し，自分と異なる意見も大切にすること。

本題材は，ペットボトルやストローなど，透明な素材の性質を利用し，それを生かしながら，作品として表現するものである。できあがった作品を相

互に鑑賞する「鑑賞タイム」の場面をチェンジする。

❶視点を明確にすること

> **change**
>
> 友達の作品をお互いに見合って，工夫したところを発表し合いましょう。
>
> ↓
>
> 友達の作品をお互いに見合って，自分と違っていていいなと思うところを発表し合いましょう。

「自分と違っていていいな」という視点が明らかになるように指示をチェンジした。指示は「何をしたらよいか」を具体的に示すことが大切である。

本時では，道徳科の内容項目「相互理解，寛容」にある「自分の考えや意見を相手に伝えるとともに，相手のことを理解し，自分と異なる意見も大切にすること」を取り入れた鑑賞活動とする。友達の作品の「工夫したところ」を見つけるように指示するのではなく，友達の作品と自分の作品を見比べて「自分と違っていていいな」と感じたところを見つけるように指示した。

これが例えば，道徳科の内容項目の「個性の伸長」を取り入れた鑑賞活動ならば，「友達の作品の特徴やよいところを見つけましょう」とすればよい。内容項目「よりよい学校生活，集団生活の充実」を取り入れた鑑賞活動ならば，「楽しい学級にするためにみんなで協力し合って作品を鑑賞できるようにしましょう」と指示をすればよい。すなわち，どのように道徳科の内容項目と関連させるかによって，鑑賞活動の在り方に変化をつけることができる。

授業では，教師の的確な指示が，子どもたちの視点を決定することになる。教師が，本時のねらいに基づいて，指示を工夫することで，子どもたちの鑑賞活動の質的な変化や充実を図ることができる。

❷指示と評価の一体化を図ること

 ぼくは，○○さんの作品の色の塗り方が，自分と違っていていいなと思いました。

この発言をした子どもへの，コメント（即時的な評価）をチェンジする。

change

 なるほど，○○さんの作品が<u>よかった</u>のですね。

 なるほど，<u>自分と違うところ</u>を見つけましたね。

友達の作品をお互いに見合った後，全体で感想を発表する場面での教師のコメント（即時的な評価）をチェンジした。

お互いの作品を見合う前に，「自分と違っていていいなと思うところ」を見つけるように指示しているのであるから，その指示内容と整合させるべきである。

すなわち，指示と評価の一体化である。

子どもたちにとっても，教師から提示された指示とコメント（即時的な評価）が一体化されることで，何をしたらよいかがわかりやすくなる。逆に言えば，指示と評価が一体化されていないと，子どもたちは何をしたらよいか，何を発言すればよいのかがわからずに，不安になるだろう。

子どもたちが安心して授業に参加するためにも，授業者が本時で大切にしたいことを意識した指示をすることが望まれる。

特別支援学級の道徳授業を
チェンジする

1 特別支援学級の道徳授業をチェンジするとは

　特別支援学級においても，道徳科を教育課程に位置づけ，計画的に道徳授業を推進していく必要がある。しかし，「特別支援学級では，子どもの実態から見て道徳授業を行うことが難しいのではないか」という声が聞かれることもある。また，「知的障害の子どもには，あいさつや掃除などの活動をさせて，その中で状況に合わせて道徳の指導をするとよい」とあえて道徳科の時間を設けない学級もあると聞く。

　道徳授業は，通常の学級のように読み物教材を使って，心情理解や話し合い活動を中心に行わなければならない，という誤解があるのではないだろうか。

　確かに，通常の学級と同じ方法で，特別支援学級で道徳授業を行うことは，子どもたちの実態に合っていない。しかし，子どもたちの発達段階に応じた指導を工夫することによって，十分に道徳科の授業を行うことはできる。

　ここでは，知的障害の子どもが在籍する特別支援学級の道徳授業について事例を基に考えてみる。知的障害の特別支援学級には，一口に知的障害と言っても，様々な障害の程度や特性の子どもが在籍しているが，道徳授業では，言葉の力の遅れに配慮が必要である。なぜなら，道徳授業の「言葉のやり取り」には，それ相応の言葉の力が必要だからである。

　道徳授業の「言葉のやり取り」において，その子どもの言葉の発達段階以上の言葉で働きかけられたら，その子どもは困ってしまうどころか，わからないことへの不適応につながってしまう。特別支援学級の道徳授業は，「言

葉のやり取り」を子どもたちにとってわかりやすくするとともに，言葉を丁寧に教えて習得させていくということが基本である。

　道徳授業のユニバーサルデザインの視点では，子どもの言葉の発達段階に応じた学習を設定する。言葉の発達段階に応じることが，「より多くの子どもたちにとってわかりやすくなる」ポイントの一つである。これは，特別支援学級の担任だけでなく，通常の学級の先生方にも参考にしてほしい視点である。

　そのため，まず特別支援学級の子どもたちの言葉の力が，それぞれどのくらいの発達段階にあるのか，個別に実態を把握し，いくつかの段階にグルーピングしていく。

2　特別支援学級の道徳授業に必要な三つの視点

【対　　象】　小学校特別支援学級（知的障害）1年生から6年生
【内容項目】　家族愛，家庭生活の充実
【ね ら い】　進んで家の手伝いなどをして，家族の役に立とうとする意欲を育てる。
【教 材 名】　「からすのパンやさん」（偕成社）
【あらすじ】　森の中にある「からすのパンやさん」では，お父さんからすとお母さんからすは，4羽の子どもたちのお世話が大変で，パンづくりは失敗だらけ。お客さんもいなくなり，どんどん貧乏に。しかし，子どもたちがパンづくりのお手伝いをはじめたことで，いろいろなパンをつくることができ，大人気のパンやさんとなった。

　授業では，まず子どもたち全員を一か所に集めて「からすのパンやさん」の読み聞かせを行った。読み聞かせには，大型絵本を使用した。見やすくなると同時に，子どもの興味を高めることができた。

その後，それぞれの子どもの言葉の発達段階に応じたグループ別の指導とした。小学校の知的障害の特別支援学級には，おおむね言葉の発達段階が，3歳程度から小学校3年生（9歳）程度の子どもが在籍していることが多い。その範囲を対象に，段階別の指導を行った。

❶生活で使う言葉を中心に学習する
　（言葉の発達段階が3歳から4歳程度）
　この段階の子どもたちには，実際の生活でよく使う具体的な言葉を一つずつ丁寧に教えていくことが必要である。道徳科の内容に関連させながら，身の回りにあるものの名前や動作を表す言葉などの習得を目指していくとよい。
　特別支援学級では，家庭でのお手伝いを重視しているので，お手伝いの習慣がついている子どもが多い。お手伝いは，そのスキルの獲得だけではなく，ものの名前や日常的に使われる動詞の学習の題材として最適である。
　本時では，からすのパンやさんの子どもたちがお手伝いをしていることから，自分が家庭でしているお手伝いを想起させた。
　「言葉のやり取り」だけでは，想起することが難しい。イラストなどで視覚的にわかるような工夫が必要である。
　そして，図8のワークシートを用意し，習得させたい動詞を取り出して，枠内に書く学習を行った。
　「せんたくものをたたむ」という言葉をしっかりとおさえた後に，それが「お手伝い」という言葉のカテゴリーに属すること，そして「お手伝い」をすることと家族のみんなが喜ぶことの理解を図っていくことが，この段階の子どもには必要である。

図8

❷道徳的価値のある言葉を具体化する
　（言葉の発達段階が5歳程度）
　この段階の子どもたちには，自分の知っていることを言葉で表現できるよ

うにする。ここでは，お手伝いについての具体的な事例を，言葉で表現する学習を行った。

まず，自分が家庭で行っているお手伝いを想起させ，一人ずつ発表し，「自分もお手伝いをしている」ということを意識させた。教師は，「お手伝いをがんばっているね」と認め，励まし，子どもの自己肯定感を高めるようにした。

そして，これからどんなお手伝いをしてみたいかを考えた（図9）。この学習は，本時のねらいである「進んで家の手伝いなどをして，家族の役に立とうとする意欲を育てる」を，具体的なレベルで展開したものである。

図9

❸理由を考えて，新たな気づきを得る
（言葉の発達段階が小学校1年生以上）

この段階の子どもたちには，通常の学級の低学年程度の内容の道徳授業が可能である。

本時では，なぜお手伝いが必要なのかということを考え，新たな気づきを得ることを目標とした。

家庭でのお手伝いについて，「どうしてお手伝いをするとよいのでしょうか？」と発問し，各自でワークシートに記入するようにした。

子どもからは「おかあさんがよろこんでくれるから」という意見が出た（図10）。他にも子どもたちから様々な意見が出たので，それらの意見を教師が個々に認めた上で，発表の場をつくり，全員で共有できるようにした。

図10

Column
「正直，誠実」と支援を受ける素地

　先日，ある中学校3年生の男子と出会った。彼は，文字が重なって見えたり，漢字の細かな部分がよくわからなかったりすると言っていた。
　いわゆるLD，読み書き障害の疑いがある。
　そのような読み書きの困難がありながら，彼は中学校3年生まで特別な支援を受けてこなかったという。

「今まで読みにくいことを先生に言わなかったの？」と尋ねると，
「恥ずかしいから，隠してごまかしていた」と。

　私たちは，人よりできなかったり，劣っていたり，醜かったりするものを「隠そう」とする。それをオープンにすること，オープンにして誰かに支援を求めることは勇気がいる。

　発達障害は世間的に認知されてきているが，まだまだ自分自身や，我が子，我が孫の障害を隠したい，できることなら認めたくないと思う人はたくさんいるだろう。

　支援を受けた方がよりよい生活を送れるということに気づくことができるかどうか，私はこのような力を「支援を受ける素地」と呼んでいる。小学校段階からこのような素地を育成することが大切であると考える。

　これに関連する道徳科の内容項目は「正直，誠実」である。「支援を受ける素地」という視点からも，自己理解を深める学習を積み上げていきたい。

3章
ユニバーサルデザインの視点でつくる新しい授業プラン

A「主として自分自身に関すること」
授業をチェンジ
授業プラン1「善悪の判断，自律，自由と責任」

1　授業の概要

【学　年】　小学校5年生
【ねらい】　自由を大切にし，自律的に判断し，責任のある行動をする態度を養う。
【教材名】　「うばわれた自由」（文部科学省）

2　ユニバーサルデザインの視点

　物事の善悪について的確に判断し，自ら正しいと信じるところに従って主体的に行動すること，自由を大切にするとともに，それに伴う自律性や責任を自覚することに関する内容項目である。
　「うばわれた自由」は，森の番人ガリューと目先の欲求を叶えることが自由だと信じているジェラール王子のお話である。ジェラール王子の言動を基に，自由とは，自分を律し，責任をもって行動するということであると気づけるようにしたい。
　授業のユニバーサルデザインの視点で，発問や発表の場面の改善を図っていく。「本当の自由」とは何か，自分で感じたことや考えたことと，友達の多様な意見とを比べ，さらに自分の考えを深めていけるよう授業を構造化していく。

3 学習指導案

	学習内容	指導上の留意点
導入	1　ねらいとする価値について考える。 【発問①】　どちらが自由ですか？ A　授業中 B　休み時間 その理由も考えましょう。	・本時では「自由」について考えることを明確にする。 ・理由について，問い返しをしていく。
展開	2　教材「うばわれた自由」を読み，話し合う。 【発問②】　比べてみましょう。ジェラールとガリューは「自由」をどのように考えていましたか。 【発問③】　（　　）に言葉を考えて入れましょう。 「『本当の自由』とは（　　）である」 【発問④】　（　　）に入れた言葉を黒板に書きましょう。	・比べやすくするため，板書を対比的に構成する。 ・書き込みができるワークシートを用意する。 ・いくつかの意見については，記入者にそう思った理由を尋ねる。
終末	3　学習のまとめをする。 【発問⑤】　友達の書いた言葉を見て，「なるほど」と思ったことを一つワークシートに書きましょう。	・新たな価値に気づくことができるようにする。

4 教材の概要

　ジェラール王子は，自分の思いのままに行動することが自由であると思っている。森の番人ガリューは，それは間違っていると正すが，ジェラール王子は聞き入れず，ガリューをとらえてしまう。しかし，国内の状況が変わり，ジェラール自身もとらえられてしまう。

5 展開例

【発問①】　どちらが自由ですか？
　「本当の自由とは何か」を考えるウォーミングアップの時間としたい。
　「授業中」と「休み時間」なら，多くの子どもたちは「休み時間」を選ぶと思われる。そこで，「休み時間は，本当に自由なのでしょうか？」と問い返す。休み時間だって「本当の自由」ではないだろう。
　このようにして，ねらいとする価値を子どもたちに意識づけていく。

> Point
> 　日常生活の場面から，本時のねらいに関する道徳的価値を想起しやすくする。

【発問②】　比べてみましょう。ジェラールとガリューは「自由」をどのように考えていましたか。
　「うばわれた自由」は，ジェラールとガリューの「自由」についての考え方が対比的になっている。比べることで，「自由」に対する両者の考え方の違いを明確にすることができる。

> Point
> 　比較することでねらいとする価値に対する考え方をつかみやすくする。

【発問③】　(　　)に言葉を考えて入れましょう。
　　　　　「『本当の自由』とは(　　　　)である」
　ねらいとする価値について，自分自身の考えを言語化する。穴埋め式にすることで，「何を書いたらよいか」がわかりやすくなる。

> **Point**
> 穴埋め式にして，自分の考えを言語化しやすくする。

【発問④】　(　　)に入れた言葉を黒板に書きましょう。
　発表することに困難さがある子どもへの配慮であるが，そうではない子どもでも，高学年は人前で発表することに遠慮がちになる傾向がある。
　全員が黒板に書くようにする。ネームプレートを貼って，誰が書いたのかを明示する方法もあるが，自分の考えを表すことに抵抗がある子どもがいるようであれば，無記名で書くようにするとよい。

> **Point**
> 黒板に全員が書くことで，発表しやすくする。

【発問⑤】　友達の書いた言葉を見て，「なるほど」と思ったことを一つワークシートに書きましょう。
　黒板に書かれた友達の多様な意見を見て，新たな気づきを得ることは，自分の考えを深めることにつながる。「『なるほど』と思ったこと」「一つ」と，条件を出して限定的にすると，子どもは選びやすくなる。

> **Point**
> 条件を出して限定的にすることで，新たな気づきを得やすくする。

A「主として自分自身に関すること」
授業をチェンジ
授業プラン2「正直，誠実」

1 授業の概要

【学　年】　小学校2年生
【ねらい】　うそをついたりごまかしをしたりしないで，素直に伸び伸びと生活する態度を養う。
【教材名】　「さるへいと立てふだ」（東京書籍）

2 ユニバーサルデザインの視点

　偽りなく真面目に真心を込めて，明るい心で楽しく生活することに関する内容項目である。
　「さるへいと立て札」は，主人公のさるへいが「これはしぶがき，たべられません」「このかきの木のもちぬしはさるへい」という立て札を立てた場面，そして他のさるたちが毎日柿を食べにくるようになった場面の，さるへいの心情の変化が対比的に表現されている。その心情の変化を比べることで，「うそをついたりごまかしをしたりしない」方がよいという，「正直，誠実」に関わる道徳的価値が理解しやすいようになっている。
　授業のユニバーサルデザインの視点では，より登場人物の心情の変化に気づきやすくなるように授業を構造化する。
　学校や家庭，地域での生活で「正直に○○しなさい」と言われる場面は多くあるだろう。「正直」という言葉の意味を，子どもなりに言語化できるようにしておくと，日常生活に生かすことができる。

3 学習指導案

	学習内容	指導上の留意点
導入	1 ねらいとする価値について考える。 【発問①】「よくばり」というのは、どういうことですか。	・自由に発言させ、発言を認めていく。
展開	2 教材「さるへいと立てふだ」を読み、話し合う。 【発問②】 どうして、さるへいは立て札を立てたのでしょう。 【発問③】 立て札を立てている時のさるへいと、友達ができた時のさるへいを比べてみましょう。	・発表の時は「○○だからです」という話型を板書にて示す。 ・比較できるように、板書を対比的に表す。
終末	3 学習のまとめをする。 【発問④】「うそやごまかしをしない」ことを「正直」と言います。「正直」になると気持ちがどうなりますか。 （　　　）に言葉を入れましょう。 「気持ちが（　　　）」	・思い浮かばない子どもには、気持ちが「快」の方向に向かう言葉をいくつか提示して、選べるようにする。 ・全体で意見を出し、共有できるようにする。

4 教材の概要

　さるへいは柿の実をひとりじめしたいと考え,「これはしぶがき,たべられません」と立て札に書くが,その立て札にはいつの間にか「うそをかいてはいけません」と書かれていた。結局さるへいは少ししか柿の実を食べられなかったが,友達もでき,ひとりぼっちの生活から抜け出すことができた。

5 展開例

【発問①】　「よくばり」というのは,どういうことですか。

　本来であれば,「正直」という言葉を,導入の段階で意識づけたいところである。しかし,さるへいの行動は「よくばり」という言葉の方が,子どもにとってぴったりくるだろう。このようなキーワードを意識するのとしないのとでは,教材の読み取りに大きく差が出るだろう。

> Point
> 　子どもにとってイメージしやすいキーワードを提示することで,教材の内容を読み取りやすくする。

【発問②】　どうして,さるへいは立て札を立てたのでしょう。

　読み物教材の題名に,読み取りのポイントが隠されていることが多い。「立て札」は,よくばりなさるへいの象徴である。
　「柿を他のさるにとられるのがいやだったのではないか」「さるへいは全部自分のものにしたかったのではないか」と,さるへいのよくばりな行動の背後にある心情に気づけるようにする。

> Point
> 　題名に注目することで,登場人物の心情に気づきやすくする。

【発問③】 立て札を立てている時のさるへいと，友達ができた時のさるへいを比べてみましょう。

　時系列的に気持ちを読み取っていくことにこだわる必要はない。国語科と違い，道徳科ではあくまでもねらいとする価値に向かうべきである。もしかしたら，時系列の展開にこだわってしまうことが，「読み物の登場人物の心情理解のみに偏った形式的な指導」と，批判される一因なのかもしれない。

　ここでは，立て札を立てている時のさるへいと，友達ができた時のさるへいを比べるようにする。立て札にうそを書いていじわるをしている「よくばり」なさるへいより，新しい友達ができた「正直」なさるへいの方がよりよい生活になる，ということをおさえておく。

> **Point**
> 　時系列にこだわることなく，場面を比べて，ねらいとする価値に気づきやすくする。

【発問④】 「うそやごまかしをしない」ことを「正直」と言います。「正直」になると気持ちがどうなりますか。
　　　　　（　　）に言葉を入れましょう。「気持ちが（　　　　）」

　「正直」の辞書的定義は，「うそやごまかしをしないこと」である。さるへいの後半の態度は，「正直」の辞書的定義どおりである。ここは教師が，知識として教えるようにする。そして，「正直」になった時の気持ちを言語化する活動を行う。低学年の子どもは，まだ気持ちを表す言葉のバリエーションが少ない。ここでは，気持ちが「快」の方向に向かうようになる言葉（例えば「うれしくなる」「明るくなる」など）を，全体で共有できるとよい。

　日常生活においても，言葉の意味を言語化できるようになることは，その言葉を言われた時の理解に，大きく役立つだろう。

> **Point**
> 　低学年では，全体で共有しながら言語化することで，言葉を学びやすくする。

B「主として人との関わりに関すること」
授業をチェンジ
授業プラン1「親切,思いやり」

1 授業の概要

【学　年】　小学校2年生
【ねらい】　身近にいる人に温かい心で接し,親切にしようとする心情を育てる。
【教材名】　「かっぱわくわく」(東京書籍)

2 ユニバーサルデザインの視点

　よりよい人間関係を築く上で求められる基本的姿勢として,相手に対する思いやりの心をもち親切にすることに関する内容項目である。
　思いやりの心には,「きっと困っているだろうな」「助けてあげたら喜んでくれるかな」と,他者の心情を推し量る力が求められる。
　授業のユニバーサルデザインの視点では,他者の心情を推し量ることに困難さがある子どもでも,どのようにしたら登場人物の心情理解が図れるようになるのかを考えていく。
　一つの方法として,登場人物の心情理解に直接的にアプローチするのではなく,行為の動機に注目する発問がある。つまり,「どうして○○をしたのでしょうか？」と発問するのである。行為の動機を考えることからスタートして,そこから相手の立場を考えたり,相手の気持ちを想像したりすることにつなげていく。

3 学習指導案

	学習内容	指導上の留意点
導入	1 ねらいとする価値について考える。 　ハナコさんの友達は遊んでいて宿題をやってきませんでした。ハナコさんはかわいそうだから，友達の分の宿題をかわりにやってあげました。 【発問①】　先生は，ハナコさんは「親切」な人だと思います。みなさんはどう思いますか。	・本時では「親切」について学習することを伝えておく。 ・「親切だと思う」という意見が相次いだら，「本当にそう思う？」と問い返す。
展開	2 教材「かっぱわくわく」を読み，話し合う。 【発問②】　どうして，かんすけは迷子の子ぎつねや，けがをした小鳥に「わくわく水」をあげたのでしょう。 【発問③】　どうして，三人は「にこにこえがお」だったのでしょう。	・発表の時は「○○だからです」という話型を板書にて示す。 ・必要に応じて，隣の友達と意見交換する時間を設ける。
終末	3 学習のまとめをする。 【発問④】　（　　）に言葉を入れましょう。 「自分より困っている人を助けると，（　　）」	・全体で意見を出し，共有できるようにする。

4　教材の概要

　三人のかっぱは，元気と勇気がわく「わくわく水」をお皿に入れて，野原に遊びに行く。かっぱのかんすけは，迷子の子ぎつねや，けがをした小鳥に，自分のお皿に入っている「わくわく水」をわけてあげた。野原からの帰り道，三人のかっぱは迷子になってしまうが，子ぎつねや小鳥が三人を助けてくれた。

5　展開例

【発問①】　先生は，ハナコさんは「親切」な人だと思います。みなさんはどう思いますか。

　ちょっと極端な具体例を用意した。この事例を使って，「親切」とはどのようなことなのか考えるウォーミングアップをする。

　まず，「先生はこう思うけれどみんなはどう思う？」と，Iメッセージを使って子どもたちに問いかける。「本当にハナコさんは親切なんだろうか」と批判的に捉える子どもが多いだろう。これは，子どもたちが自分事として考えることができた証拠である。Iメッセージの効果とも言える。

　「親切」という言葉の意味や，「相手のことを考えた行為」とは何かということに考えを巡らせておくと，教材からねらいとする価値についての情報をつかみやすくなる。

> **Point**
> 　ちょっと極端な事例や，Iメッセージを用いることで，ねらいとする価値について気づきやすくする。

【発問②】　どうして，かんすけは迷子の子ぎつねや，けがをした小鳥に「わくわく水」をあげたのでしょう。

他者の心情を推し量ることに困難さがある子どもは、「かんすけはどう思ったでしょう？」と、登場人物の心情を直接的に考える発問には答えにくい。「どうして？」と行為の理由を尋ねる発問をすると、他者の心情を推し量ることに困難さがある子どもにとっても考えやすくなる。道徳科では「どう思ったでしょうか？」のような、登場人物の心情を考える直接的な発問にこだわる必要は全くない。そこが、国語科とは違うのである。

> **Point**
> 　行為の動機や理由を考えることで登場人物の心情を理解しやすくする。

【発問③】　どうして、三人は「にこにこえがお」だったのでしょう。
　発問②は、親切な行為をした「かんすけ」の立場からのものである。この発問③は、かんすけを含めた「三人のかっぱ」の立場に焦点を当てた。道徳授業では、いろいろな人の立場を考えて、物事を多面的・多角的に見ていくことが重要である。「親切、思いやり」のある行為は、周囲の人にも影響を及ぼすということが、この発問のポイントである。

> **Point**
> 　複数の登場人物の立場から考えることで、物事を多面的・多角的に見やすくする。

【発問④】　（　　）に言葉を入れましょう。
　　　　　「自分より困っている人を助けると、（　　）」
　小学校低学年では、まだ言葉のバリエーションが少ないので、言語化するのが難しい子どももいる。「優しい気持ちになる」「後で親切にしてもらえる」など、代表的な意見を全体で共有できるようにすると、学級全体で、語彙や言葉の拡大を図ることができる。

> **Point**
> 　全体で共有化し、多様な言語表現を自分のものにしやすくする。

B「主として人との関わりに関すること」
授業をチェンジ
授業プラン2「友情，信頼」

1 授業の概要

【学　年】　小学校3年生
【ねらい】　友達と互いに理解し，信頼し，助け合う態度を養う。
【教材名】　「なかよしだから」（東京書籍）

2 ユニバーサルデザインの視点

　友達関係における基本とすべきことであり，友達との間に信頼と切磋琢磨の精神をもつことに関する内容項目である。

　内容項目「親切，思いやり」は，相手が不特定多数でも成立する。一方，「友情，信頼」は，より近い関係の人たちとの強固な関係の形成を目指しているところに特徴がある。強固な関係の形成のポイントは，相手と共通の価値観をいかに形成していけるかどうかである。

　したがって，「友情，信頼」の内容項目では，自分とは異なる他者の価値観を想像し，その価値観を認めることができる素地をいかにつくっていけるか，この点を重視する。そのため，授業のユニバーサルデザインの視点で，多様な価値観に気づきやすくなるように，授業を構造化する。

　授業の方向性を誤ると，「宿題を教えないことが友情だ」という理解で終わってしまうこともある。そのような授業とならないように留意したい。

3 学習指導案

	学習内容	指導上の留意点
導入	1 ねらいとする価値について考える。 【発問①】 「なかよし」とは、どういうことですか。	・黒板に「なかよし」と大きく書く。
展開	2 教材「なかよしだから」を読み、話し合う。 【発問②】 先生は、実くんはいじわるだと思います。みなさんはどう思いますか。	・「いじわるではない」という意見が相次いだら、「どうして、いじわるではないのですか」と問い返す。
	【発問③】 実くんのしたことで、どれが一番友達のことを思っていたと思いますか。 ア 二人でボール投げをしていたこと イ 宿題を教えなかったこと ウ 手を挙げている時ににっこり笑ったこと エ 休み時間にも、放課後にも何度か「ぼく」に声をかけたこと	・選択肢は板書する。
	選んだ理由をグループの友達と話し合ってみましょう。	・グループで話し合う時間を5分間設定する。
終末	3 学習のまとめをする。 【発問④】 グループの人の意見で、「自分とは違うな」と思ったことをワークシートに書きましょう。	・書き込むことのできるワークシートを用意する。

4 教材の概要

「ぼく」は宿題をうっかり忘れてしまった。そこで、仲のよい友達の実（みのる）くんに教えてもらおうとした。前の日に実くんにカーブの投げ方を教えてあげたから、そのお返しに教えてくれるだろうと考えたのである。ところが、実くんに「なかよしだから、なお教えられないよ」と断られてしまった。

5 展開例

【発問①】 「なかよし」とは、どういうことですか。

教材名にもある「なかよし」というキーワードを取り上げた。日常的に使用されている言葉であるが、抽象的な概念なのでいろいろな意見が出るだろう。発達段階から見ても小学校中学年として扱うのに適当な言葉である。

> Point
> キーワードを提示することで、教材のポイントに気づきやすくする。

【発問②】 先生は、実くんはいじわるだと思います。みなさんはどう思いますか。

【問い返し】 どうして、いじわるではないのですか。

「先生は、実くんはいじわるだと思います」と、Iメッセージで発問する。Iメッセージにしたことで、教師の価値観をわかりやすく伝えることができる。教材を最後まで読んだ子どもたちは、「実くんは、いじわるではない」と答えるだろう。教師が投げかけた価値観とは異なる展開になる。

そこで、「どうして、いじわるではないのですか」と、教師と子どもの間で価値観を対立させ、意見を交換する。このやり取りによって、より深く教材の内容について考えることができる。

このように、発問とその後の問い返しをセットで構造化しておくことで、

価値観によって行為が変わってくること，他者とは価値観が異なることがあるということに気づけるようになるだろう。

> Point
> あえて教師と子どもの価値観を対立させ，問題に気づきやすくする。

【発問③】 実くんのしたことで，どれが一番友達のことを思っていたと思いますか。
　　　　ア　二人でボール投げをしていたこと
　　　　イ　宿題を教えなかったこと
　　　　ウ　手を挙げている時ににっこり笑ったこと
　　　　エ　休み時間にも，放課後にも何度か「ぼく」に声をかけたこと

　選択肢から，自分の意見を選び，グループの友達と話し合う学習活動である。選択肢は，「なかよしだから」の本文中に出てくるものばかりである。この中から「どれが一番か」を友達と話し合うことにより，実くんの「友情，信頼」の価値観に気づきやすくする。

> Point
> 選択肢から「どれが一番か」を話し合うことで，自分の考えをもちやすくする。

【発問④】 グループの人の意見で，「自分とは違うな」と思ったことをワークシートに書きましょう。

　「友情，信頼」のベースになるものは，相手の価値観に思いを寄せる力である。そのために，友達の多様な価値観にふれ，「友達の考えは自分とは違う」ということを体験的に学べるようにする。

> Point
> 「自分とは違うな」という条件をつけ，自分とは異なる他者の価値観を受け入れやすくする。

B「主として人との関わりに関すること」
授業をチェンジ
授業プラン3「相互理解，寛容」

1 授業の概要

【学　年】　小学校5年生
【ねらい】　自分の考えや意見を相手に伝えるとともに，謙虚な心をもち，広い心で自分と異なる意見や立場を尊重する態度を養う。
【教材名】　「名医，順庵」（東京書籍）

2 ユニバーサルデザインの視点

　広がりと深まりのある人間関係を築くために，自分の考えを相手に伝えて相互理解を図るとともに，謙虚で広い心をもつことに関する内容項目である。
　内容項目「親切，思いやり」は人間関係の基礎，「友情，信頼」はより強固な人間関係の形成，そして「相互理解，寛容」は感じ方や考え方の多様さを相互に認め合うことに，その特徴がある。
　「名医，順庵」で，感じ方や考え方の多様さを相互に認め合うためのポイントとなる言葉は，「謙虚」「広い心」である。「謙虚」な人とはどのような人のことだろうか，「広い心」とはどのような心のことであるのだろうか。「謙虚になりましょう」「広い心をもちましょう」と教師側から諭すように教えるようでは，小学校高学年では白々しさを覚えてしまう子どもが多い。
　授業のユニバーサルデザインの視点で，抽象的な思考を伴う学習活動を基に，小学校高学年の発達段階に応じた支援をしながら，授業を構造化していく。

3 学習指導案

	学習内容	指導上の留意点
導入	1 ねらいとする価値について考える。 【発問①】「名医」とは，どのような医者のことだと思いますか。	・黒板に「名医」と大きく書く。
展開	2 教材「名医，順庵」を読み，話し合う。 【発問②】 順庵は，どうして盗みをした孝吉を許したのですか。 【発問③】 人の過ちや失敗を許すために必要なことは何だと思いますか。 （　）の中に言葉を考えて入れましょう。 「人の過ちや失敗を許すために必要なことは（　）である」	・意見が出にくいようであれば，隣の人と意見交換する時間を設ける。 ・言葉が思い浮かばない子どもには「優しい心」「広い心」「人の話をよく聞くこと」「相手の立場を考えること」などの言葉を例示する。
終末	3 学習のまとめをする。 【発問④】 順庵は自分で「名医」と名乗ったのでしょうか。どうして「名医，順庵」なのでしょうか。	・考えを記入できるワークシートを用意する。

4　教材の概要

　医師の順庵には，孝吉という弟子がいた。孝吉には，遠く離れた家に一人残してきた母がいた。ある日，孝吉に，母が病気になったので早く帰ってきてほしいという手紙が届いた。孝吉は悩んだ末，薬部屋から高価な高麗にんじんを持ち出し，母のもとへ帰ろうとしたが，見つかってしまった。順庵は，孝吉から事情を聞いた上で，その非を諭し，自らも謙虚に反省し，孝吉の帰郷を許した。

5　展開例

【発問①】　「名医」とは，どのような医者のことだと思いますか。
　「名医」という言葉が，大きな意味をもっている。「名医」とはどのような医者のことなのだろうか。
　教材を読む前の子どもたちは，「病気を治すことができる」という，医療的な施術の上手な医者のことを，おそらく想像するだろう。
　そのような「名医」のイメージをもちながら「名医，順庵」を読み進めていくと，「名医」とは医療的な施術が上手なことだけでなくて，人の気持ちを受け止めることのできる謙虚で寛容な医者だということに気づくだろう。

> Point
> 　教材の題名に注目し，教材の一番のポイントに気づきやすくする。

【発問②】　順庵は，どうして盗みをした孝吉を許したのですか。
　「盗みをした孝吉を許す」という行為そのものが，順庵の「寛容」さである。
　順庵はどうして盗みをした孝吉を許したのか，その理由を考えることで，ねらいとする「相互理解，寛容」に迫ることができる。

> Point
>
> 登場人物の行為の理由を考えることで，ねらいとなる道徳的価値に迫りやすくする。

【発問③】 人の過ちや失敗を許すために必要なことは何だと思いますか。
　　　　　（　　）の中に言葉を考えて入れましょう。
　　　　　「人の過ちや失敗を許すために必要なことは（　　）である」

　例えば，Mさんは，自分で言葉を考えることが難しかった。そこで選択肢を示したところ，Mさんは，「人の話をよく聞くこと」を選んだ。

　選んだ理由を尋ねたところ，「人の話をよく聞いたら，その人の気持ちが理解できるから」と発言していた。この発言から，Mさんが，「相互理解」の道徳的価値を理解できていると評価できる。

> Point
>
> 選択肢を用意することで，自分の考えを言語化しやすくする。

【発問④】 順庵は自分で「名医」と名乗ったのでしょうか。
　　　　　どうして「名医，順庵」なのでしょうか。

　導入部で「『名医』とは，どのような医者のことだと思いますか」と発問したので，終末部でも再び「名医」というキーワードを用いた。

　導入部で考えたことを思い出して，自分の中で比較することで，一時間の道徳授業での学びの深まりを感じることができるようになる。

　順庵が自分で「名医」と名乗ったのではなくて，このような寛容さを周りの人が認めているから「名医」と呼ばれていることには容易に気づけるだろう。順庵と孝吉の二人だけの関係性ではなくて，周りの人からも「名医」と慕われていること，「相互理解，寛容」で広がりと深まりのある人間関係を築けるようになることを理解させたい。

　導入部と比べることで，どのくらい理解が深まったか実感しやすくなる。

C「主として集団や社会との関わりに関すること」
授業をチェンジ
授業プラン1「規則の尊重」

1 授業の概要

【学　年】　小学校4年生
【ねらい】　約束や社会のきまりの意義を理解し，それらを守る意識を高める。
【教材名】　「雨のバスていりゅう所で」（東京書籍）

2 ユニバーサルデザインの視点

　生活する上で必要な約束や法，きまりの意義を理解し，それらを守るとともに，自他の権利を大切にし，義務を果たすことに関する内容項目である。
　「きまりはみんなが気持ちよく過ごすためにあるものだ」「きまりは自分たちの生活をよりよくするものだ」などの「きまりの意義」に焦点を当てた授業実践は比較的多い。
　しかし，ねらいの後半部分「それら（きまり）を守る意識を高める」のは，なかなか至難の業である。
　授業のユニバーサルデザインの視点では，ねらいを達成できるように授業を構造化する。本時では，特に「きまりを守る意識」をより高めやすくすることに重点を置く。
　なぜなら「雨のバスていりゅう所で」は，「きまりを守る意識を高める」ことに優れた読み物教材だからである。

3 学習指導案

	学習内容	指導上の留意点
導入	1 ねらいとする価値について考える。 【発問①】 なぜ学校には「ろうかを走らない」というきまりがあるのでしょうか。	・学校には約束やきまりがあることを確認する。
展開	2 教材「雨のバスていりゅう所で」を読み、話し合う。 【発問②】 よし子はどうして先頭に走ったのでしょう。 【発問③】 もし雨が降っていなかったら、よし子はどうしたと思いますか。	・よし子の行為の理由を考えることができるようにする。 ・約束やきまりは、場や状況によっても変わることをおさえる。
終末	3 学習のまとめをする。 【発問④】 よし子は「自分勝手」なのではなくて、「判断を間違えてしまった」のですね。判断を間違えないようにするためにはどうしたらよいでしょう。	・必要に応じて、隣の友達と意見交換できるようにする。

4　教材の概要

　雨の日，よし子はバス停近くのたばこ屋の軒下で，他の乗客とバスを待っていた。バスが見えたので，並んでいる他の乗客よりも先にバスに乗り込もうとした。

5　展開例

【発問①】　なぜ学校には「ろうかを走らない」というきまりがあるのでしょうか。

　きまりには，必ずきまりを守るための理由がある。まず，身近な学校生活のきまりがなぜ必要なのか，その理由を考える学習活動を設けた。
　導入部で，きまりについて意識することで，「雨のバスていりゅう所で」にある，きまりについての情報を得やすくなる。

> Point
> 　日常生活の場面を基にウォーミングアップを図り，読み物教材に向かいやすくする。

【発問②】　よし子はどうして先頭に走ったのでしょう。

　「雨のバスていりゅう所で」の一番の山場である「よし子がバス停でのきまりを守らなかった」場面をおさえておく。
　「よし子はどう思ったでしょう」よりも，「どうして先頭に走ったのでしょう」とする方が，よし子の行為の理由に迫りやすくなる。

> Point
> 　行為の理由を考えることで，教材のポイントとなる場面をおさえやすくする。

【発問③】　もし雨が降っていなかったら，よし子はどうしたと思いますか。

　よし子がバス停でのきまりを守らなかったのは，「判断のミス」である。すなわち「雨が降っているから間違えた。晴れていれば，よし子はちゃんと列に並んでバスに乗ったはず」という解釈が，子どもには一番わかりやすく，共感しやすいだろう。

　このバス停でのきまりは，きちんと明記されたものではなく，周囲の状況によって左右されるものであると考えられる。

　すなわち，周囲の状況をよく見て周囲の人に迷惑をかけないように判断していくことが社会生活を送る上で大切なことであり，内容項目「規則の尊重」でのねらい「きまりを守る意識を高める」ことにつながるのである。

> **Point**
> 　読み物教材の本質をおさえることで，ねらいとなる価値を理解しやすくする。

【発問④】　よしこは「自分勝手」なのではなくて，「判断を間違えてしまった」のですね。判断を間違えないようにするためにはどうしたらよいでしょう。

　雨が降っていたり，たばこ屋の軒下にお客さんが並んでいたりするのは，主人公からしたらいつもと違う状況であったと考えられる。したがって，この場面で「早くバスに乗っていいかどうか」は周囲の状況を見て「この状況でのきまりやルールは何か？」を思考，判断することになる。そのことを一般的に表現すると「規則の尊重」となる。子どもたちが具体的に判断する機会を道徳授業で設定していくことが大切である。それが，社会での未知の「きまりやルールを守る意識」を高め，道徳性を養うことにつながる。

> **Point**
> 　「これからどうしたらよいか？」を考えることで，ねらいとする価値をおさえた思考をしやすくする。

C「主として集団や社会との関わりに関すること」
授業をチェンジ
授業プラン2「公正，公平，社会正義」

1 授業の概要

【学　年】小学校5年生
【ねらい】誰に対しても差別をすることや偏見をもつことなく，公正，公平な態度で接し，正義の実現に努める態度を養う。
【教材名】「転校生がやってきた」（東京書籍）

2 ユニバーサルデザインの視点

　民主主義社会の基本である社会正義の実現に努め，公正，公平に振る舞うことに関する内容項目である。
　「転校生がやってきた」は，いじめ問題を扱った読み物教材である。いじめ問題はどの学級にも起こり得るとされている。
　道徳授業では，いじめを未然に防ぐために，「集団や社会との関わり」の基礎を学ぶべきである。
　もしかしたら教室には今現在，いじめをしている子，いじめられている子，いじめの行為をはやしたてている子，いじめがあるのは知っているけれど見て見ぬふりをしている子などがいるかもしれない。
　授業のユニバーサルデザインの視点で，子どもの立場に配慮し，どのような状態の子どもでも安心して授業に参加できるようにする。

3 学習指導案

	学習内容	指導上の留意点
導入	1　ねらいとする価値について考える。 【発問①】　あなたは違う学校に転校することになりました。どんなことが心配ですか。 隣の人と話し合ってみましょう。	・「転校生」と黒板に大きく書く。
展開	2　教材「転校生がやってきた」を読み，話し合う。 【発問②】　転校生の琢馬くんは，どうして「ぼく」を「仲間はずれ」にしなかったのですか。	・「傍観者」の視点をもてるようにする。
	【発問③】　「正しい方向へ一歩ふみ出す力」とは，どんな力でしょうか。	・このことが書いてある教材の場所を確認する。
	【発問④】　琢馬くんの学級で，いじめがなくなるようにするためにはどうしたらよいでしょうか。 グループで話し合ってみましょう。	・グループごとにミニホワイトボードを配り，意見を視覚化する。
終末	3　学習のまとめをする。 【発問⑤】　先生は，私たちのクラスで絶対いじめを許したくはありません。それでよいでしょうか。	・毅然とした態度で宣言する。

4 教材の概要

「ぼく」は仲間はずれにされる日々が続いたり,無視をされたり,靴隠しをされたりしていた。転校してきた琢馬くんは,「ぼく」の様子を見かねて学級のみんなに対して,いじめをしてはいけないと提案した。

5 展開例

【発問①】 あなたは違う学校に転校することになりました。どんなことが心配ですか。

「転校」は,子どもたちにとって身近であり,大きな関心事である。

導入部では,「転校生」の立場を想像することから,読み物教材に向けてのウォーミングアップを図る。

Point
教材のタイトルから,読み物教材へ向かいやすくする。

【発問②】 転校生の琢馬くんは,どうして「ぼく」を「仲間はずれ」にしなかったのですか。

いじめ問題を扱う授業では,いじめの当事者だけでなく,いじめには直接的に関わっていない傍観者の存在に気づくことが,大きな意味をもつ。

琢馬くんは傍観者でありながら,見て見ぬふりをしていたこの学級の大多数の傍観者とは,何が違ったのだろうか。このように考えることが,いろいろな立場の人の視点に立つ能力を養うことにつながる。小学校高学年として,当事者以外の視点に立った思考を促すことが発達段階的に見ても,大切な学習である。

Point
様々な視点を意識することで,いじめ問題の本質に迫りやすくする。

【発問③】 「正しい方向へ一歩ふみ出す力」とは，どんな力でしょうか。

　「転校生がやってきた」では，いじめに立ち向かう力のことを「正しい方向へ一歩ふみ出す力」と表現している。このような抽象的な表現に注目して，意味をより具体化していく作業こそが，道徳的価値を理解し，実践していくためには必要である。

> Point
> 　抽象的な表現を具体化することで，ねらいとする価値の理解と実践につなげる。

【発問④】 琢磨くんの学級で，いじめがなくなるようにするためにはどうしたらよいでしょうか。

　あくまでも「琢磨くんの学級で」とすることで，現実の問題の解決ではなく，物語の世界の問題を解決するという構図にすることが，いじめ問題を扱った授業では大切である。

> Point
> 　現実問題から切り離すことで，子どもたちが安心感をもちやすくする。

【発問⑤】 先生は，私たちのクラスで絶対いじめを許したくはありません。それでよいでしょうか。

　「先生はいじめを許さない」宣言である。いじめ問題の解決に結びつくだけでなく，子どもたちに大きな安心感を与える。本授業を，宣言の機会として利用したいものである。一方的に宣言するよりも，ここではＩ（アイ）メッセージを取り入れてみた。印象として，子どもたちとの合意的な宣言に感じられるだろう。小学校高学年の発達段階として，あらゆる場面で合意形成を図っていく姿勢を育てていくことにも意味がある。

> Point
> 　Ｉ（アイ）メッセージを取り入れることで，教師の宣言を受け入れやすくする。

3章　ユニバーサルデザインの視点でつくる新しい授業プラン

C「主として集団や社会との関わりに関すること」
授業をチェンジ
授業プラン3「家族愛，家庭生活の充実」

1　授業の概要

【学　年】　小学校4年生
【ねらい】　父母を敬愛し，家族みんなで協力し合って楽しい家庭をつくろうとする態度を育てる。
【教材名】　「ブラッドレーのせい求書」（文部科学省）

2　ユニバーサルデザインの視点

　家族との関わりを通して父母や祖父母を敬愛し，家族の一員として家庭のために役立つことに関する内容項目である。
　「ブラッドレーのせい求書」は，これまでも多くの授業実践がなされてきているが，主人公の心情理解に偏ることなく，あくまでもシンプルに「集団や社会との関わり」の視点で捉えていくことが，ねらいの達成につながる。
　ブラッドレーと母親の，それぞれの「集団や社会との関わり」に焦点を当てると，ねらいに基づいた上で，よりシンプルに構造化される。
　授業のユニバーサルデザインの視点では，ブラッドレーと母親の対比的な構造を活用して，「集団や社会との関わり」に焦点化した発問をしていく。

3 学習指導案

		学習内容	指導上の留意点
導入		1 ねらいとする価値について考える。 【発問①】 「家族のため」とは，どのようなことですか。	・「家族のため」と黒板に大きく書く。
展開		2 教材「ブラッドレーのせい求書」を読み，話し合う。 【発問②】 どうしてお母さんは0ドルの請求書を渡したのですか。	・お母さんが「家族のため」を思っていることをおさえる。
		【発問③】 どうして，ブラッドレーは「お母さん，このお金は返します」と言ったのでしょう。 あなたに一番近い意見はどれですか。 ア 家族には優しくしないといけないと思ったから。 イ お母さんはブラッドレーのためにいろいろしてくれているから。 ウ 家族は支え合っていくものだから。	・選択肢を板書する。
終末		3 学習のまとめをする。 【発問④】 （　　）に言葉を考えて入れましょう。 「『家族のため』とは（　　）である」	・記入できるようなワークシートを用意する。

4 教材の概要

　ブラッドレーは，お金がほしいばかりに，お手伝いやごほうびに値段をつけ，請求書を書いた。母親は，請求書どおりのお金といっしょに小さな紙切れを置いた。そこには親切にしてあげた代や病気をした時の看病代，食事代と部屋代などが書かれ，全て0ドルになっていた。

5 展開例

【発問①】　「家族のため」とは，どのようなことですか。
　「ブラッドレーのせい求書」の授業実践では，「自分にとって家族とは何ですか？」と，導入部で発問していることが多く見られる。しかし，本時では，「集団や社会との関わり」をより明確にするために，「家族のため」というキーワードを用いることにする。
　「ブラッドレーのせい求書」は，家族のために，ブラッドレーがしたこと，お母さんがしてくれていることについての話である。ここで「家族のため」というキーワードを意識させておくと，その後の教材の読み取りの際に，「集団や社会との関わり」の視点を思い出すことができるだろう。

> Point
> ねらいに基づくキーワードを提示し，教材を読み取りやすくする。

【発問②】　どうしてお母さんは0ドルの請求書を渡したのですか。
　お母さんが請求書を渡した場面に焦点を当てると，「家族のため」，すなわち「家族愛」に基づいた行為だということに気づきやすくなる。

> Point
> 登場人物の行為の理由を考えることで，ねらいとする価値に気づきやすくする。

【発問③】　どうして,ブラッドレーは「お母さん,このお金は返します」と言ったのでしょう。
　　　　　　あなたに一番近い意見はどれですか。
　　　　　　ア　家族には優しくしないといけないと思ったから。
　　　　　　イ　お母さんはブラッドレーのためにいろいろしてくれているから。
　　　　　　ウ　家族は支え合っていくものだから。

　アは「自分自身の視点」である。「家族には優しくしないといけない」と思うのは,ブラッドレー自身である。イは「他者の視点」である。「お母さんはブラッドレーのためにいろいろしてくれているから」というのは,お母さんの「家族のため」という気持ちを想像したものである。ウは「一般的な道徳の視点」である。「家族は支え合っていくもの」という一般的な道徳の視点は,それぞれの個別の場面を判断する際の基準となる。
　この発問は,多面的・多角的な思考をもたらすことができる。

> Point
> 　視点ごとの選択肢をつくることで,多面的・多角的な思考ができるようにする。

【発問④】　（　　）に言葉を考えて入れましょう。
　　　　　　「『家族のため』とは（　　）である」

　導入部と終末部を同じ発問とした。本時は,よりシンプルに「家族のため」という「集団や社会との関わり」の視点で捉えていくことが大切である。
　終末部は,自分の考えが一時間でどのくらい深まったのかに気づくことのできる時間にしていきたい。

> Point
> 　導入部と終末部の発問を同じにすることで,一時間の思考の深まりを実感しやすくする。

3章　ユニバーサルデザインの視点でつくる新しい授業プラン

D「主として生命や自然，崇高なものとの関わりに関すること」
授業をチェンジ
授業プラン1「生命の尊さ」

1　授業の概要

【学　年】　小学校2年生
【ねらい】　生きることのすばらしさを知り，生命を大切にする態度を育てる。
【教材名】　「ぼく」（東京書籍）

2　ユニバーサルデザインの視点

　生命ある全てのものをかけがえのないものとして尊重し，大切にすることに関する内容項目である

　小学校2年生では，生命の尊さについて理論的に理解するというより，日々の生活経験の中で生きていることのすばらしさを感じ取れるようにすることの方が実際的である。

　本時では，「自分のすばらしいところ」を考えて，「自分への賞状」をつくる体験的な学習活動をメインにした。

　授業のユニバーサルデザインの視点で，子どもが「自分への賞状」をつくりやすくなるようにする。具体的には，書くことへの負担が少なくなるような支援を学級全体に行っていく。支援が必要な子どもだけでなく全員に対して，書くことへの負担を減らすことで，本来大切にしたい道徳科としてのねらいの達成に近づくことができるだろう。

3 学習指導案

	学習内容	指導上の留意点
導入	1　教材「ぼく」を読み聞かせる。 【発問①】（教材を先に読んでから）「ところできみはなにがすき」ですか。	・教材の当該部分を強調して読む。
展開	2　教材「ぼく」について話し合う。 【発問②】「ぼく」の一番好きなものが「ぼく」なのは，どうしてでしょう。	・「ぼく」が自分のことを大切に思っていることをおさえる。
	【発問③】「自分への賞状」をつくりましょう。自分のすばらしいところを思い出して，短冊に書きましょう。	・3色の短冊と，賞状を用意する。
	短冊から一つ選んで，賞状に書きましょう。できたら，隣の人と見せ合いましょう。	・賞状には，「あなたは○○○○ので，すばらしいです」と印刷しておく。
終末	3　学習のまとめをする。 【発問④】今日みんなで考えたことは「（　　）を大切にすること」です。 （　　）の中は何だと思いますか？	・学級全体で考え，共有する。 ・「自分を大切にすること」をおさえる。

4 教材の概要

「ぼく」の「ぼくのすきなものおしえてあげようか」という語りかけからはじまる話である。「ぼく」の好きなものは、お父さん、お母さん、ペット、食べ物、友達、自然などいろいろと挙げられているが、一番好きなものは「ぼく」であるとしている。

5 展開例

【発問①】 （教材を先に読んでから）「ところできみはなにがすき」ですか。

「ぼく」の最後は、「ところできみはなにがすき」という一文で終わる。この最後の一文をそのまま、子どもたちに問いかける。

教材を読んだ直後なので、「ぼくは〇〇が好き」「私は△△が好き」と答えやすくなるだろう。

> Point
> 教材の一文を生かすことで、自然に答えやすくする。

【発問②】 「ぼく」の一番好きなものが「ぼく」なのは、どうしてでしょう。

「ぼく」が「自分のことを大切に思っている」ということをおさえておく。これが本時のねらいとなる道徳的価値である。

> Point
> 心情の理由を考えることで、ねらいとなる道徳的価値に気づきやすくする。

【発問③】 「自分への賞状」をつくりましょう。自分のすばらしいところを思い出して、短冊に書きましょう。

短冊にいくつか書き出し、そこから一つ選んで、自分への賞状をつくるよ

うにする。

短冊は何色かの色画用紙を用意し，色ごとにテーマを決める。

例えば，水色の短冊には「練習して上手にできるようになったこと」。黄色の短冊には「学校でがんばっていること」。緑色の短冊には「家でお手伝いし

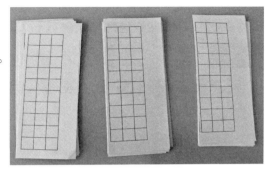

ていること」など。「どんなことを書いてもいいですよ」と，自由に書かせることもあるが，視点（テーマ）を限定した方が，何を書いたらよいかが明確になり，書きやすくなる子どもは多い。そして，視点（テーマ）に沿って考えることが難しい子どもには，「どんなことを書いてもいいですよ」と，個別に支援するのである。

短冊には，マス目をあらかじめ印刷しておいた。マス目があることで字型も整いやすくなるし，どのくらい書いたらよいかが見ただけでわかりやすくなる。

> Point
> テーマを限定したり，マス目を印刷したりすることで，考えたことを書きやすくする。

【発問④】　今日みんなで考えたことは「（　　）を大切にすること」です。

「自分への賞状」の学習活動は，内容項目「個性の伸長」で行う「自分のいいところさがし」と似ている。本時は，内容項目「生命の尊さ」として「自分を大切にする」ことがねらいである。その点を踏まえて，子どもたちが自ら言語化する振り返り活動を行う。

> Point
> 内容項目で大切にしたいことを基にすることで，言語化しやすくする。

D「主として生命や自然，崇高なものとの関わりに関すること」
授業をチェンジ
授業プラン2「感動，畏敬の念」

1 授業の概要

【学　年】　小学校2年生
【ねらい】　美しいものや気高いものに接し，清らかな心をもとうとする心情を育てる。
【教材名】　「七つのほし」（東京書籍）

2 ユニバーサルデザインの視点

　美しいものや崇高なもの，人間の力を超えたものとの関わりにおいて，それらに感動する心や畏敬の念をもつことに関する内容項目である。
　この内容項目は，言葉での説明や理屈ではない「美しいもの」「人間の力を超えたもの」との関わりを扱っている。
　他の内容項目の授業に比べ，道徳科の内容項目の中でも，特に抽象度が高いものであると言える。読み物教材をただ読んでいくだけでは，ねらいは達成されにくいだろう。
　授業のユニバーサルデザインの視点では，子どもの発達段階に応じた学習活動になるように，授業を構造化する。
　本授業では，低学年の子どもならではの豊かなイメージ力を活用し，そのイメージをわかりやすく表現できるようにしてみる。そのために，子どもたちに感覚的に働きかけたり，体験的な活動を取り入れたりと，様々な手法によって「美しいもの」を捉えることができるようにする。

3 学習指導案

	学習内容	指導上の留意点
導入	1　ねらいとする価値について考える。 【発問①】「あめつち」という言葉があります。何だと思いますか。	・ヒントとして「天」と「地」の漢字を板書する。
展開	2　教材「七つのほし」を読み，話し合う。 【発問②】ひしゃくが変わったのは，どうしてだと思いますか。比べてみましょう。 ・銀に変わった時。 ・金に変わった時。 ・ダイヤモンドが七つ浮かび出た時。 【発問③】先生は，主人公の女の子は「美しい心」をもっていると思います。「美しい心」の他にもっとよい言い方はありますか。隣の人と話し合ってみましょう。	・場面ごとに比較できるように板書する。 ・例えば「キラキラな心」「ポカポカな心」「清らかな心」「ダイヤモンドの心」など。
終末	3　学習のまとめをする。 【発問④】「あめつちの袋」をつくりましょう。	・色画用紙を袋状に折り，自分とみんなの願い事を袋に念じ，テープでとめる。

4 教材の概要

　女の子が病気の母親のために，日照りの続く日の夜に木のひしゃくを持って水を探しに出かけた。女の子は疲れて寝てしまうが，目覚めるとひしゃくには水があふれていた。女の子がその水を犬にわけてあげると，ひしゃくは銀に変わった。家へ戻った女の子が母親に水を差し出すと，ひしゃくは金に変わった。旅人に水を飲ませると，ひしゃくからは水があふれ，ダイヤモンドが空に飛び出した。その星がひしゃく星（北斗七星）になった。

5 展開例

【発問①】　「あめつち」という言葉があります。何だと思いますか。

　「美しいものとは何か」を理論的に考えていくことは，大人でも難しい。ここでは，感覚的に「美しい言葉」，特に子どもたちがまだ出会ったことのない「美しい言葉」に出会う場面としたい。

　「七つのほし」は，宇宙的な神秘さを秘めている話である。宇宙的な神秘さから連想して，「あめつち」という日本古来の大和言葉を，子どもたちに示すことにした。

　「あめつち」とは，「天」と「地」，すなわち「全宇宙」を意味する。古代の人たちにとっては，「あめつち」は「自分をとりまく世界」であり，目で見え，手でふれられるイメージであったようだ。

> Point
> 　感覚的に「美しい言葉」を示し，ねらいとする価値に気づきやすくする。

【発問②】　ひしゃくが変わったのは，どうしてだと思いますか。比べてみましょう。

「七つのほし」は，同じ展開の繰り返しで構成されている。したがって，水を犬にあげた場面，母親にあげた場面，旅人にあげた場面のそれぞれを比べながら，女の子の行為の気高さに気づけるようにする。

> **Point**
> 　比較することで，登場人物の行為の気高さに気づきやすくする。

【発問③】　先生は，主人公の女の子は「美しい心」をもっていると思います。「美しい心」の他にもっとよい言い方はありますか。

　発問の前半部は，Ｉ（アイ）メッセージを生かして，教師自身の意見として「美しい心」という表現を示した。さらに，「他にもっとよい言い方はありますか」と尋ねることで，子どもは教師の言ったことよりも，もっとよいことを考えようとするだろう。結果として，「美しい心」を自分なりにイメージして言語化できるようになる。そして隣の友達と「ぼくはこう思う」「私はこう思う」と意見交換をすることで，多様な言葉を感じる機会をつくる。

> **Point**
> 　「他にもっとよい言い方はありますか」と問いかけることで，言語化しやすくする。

【発問④】　「あめつちの袋」をつくりましょう。

　平安貴族の少女は，年のはじめに「あめつちの袋」という小さな袋をつくり，そこに入ったたくさんの幸せが逃げないようにと願いながら，天と地，すなわち袋の上と下の両方を縫ったと言われている。
　「七つのほし」の女の子の行為を思い出し，自分の願い事だけでなく，みんなの願い事が叶うように願いながら，「あめつちの袋」を実際につくってみる。

> **Point**
> 　体験活動を取り入れて，「美しい心」を感じやすくする。

Column
「他者との関係」と心の理論

　内容項目の視点「B　主として人との関わりに関すること」では，相手の立場を想像し，相手のために何ができるか，相手をいかに慮れるか，という他者との心のやり取りのスキルが求められる。

　このスキルを具体的に言うならば，他者の行為の理由を推測するということ，自分の見えないところでも他者が何か意図をもって，何かをしているということを想像することである。

　これは「心の理論」とよばれる。「心の理論」とは，他者の心の状態，目的，意図，知識，信念，意向，疑念などを推測する心の機能のことである。一般的に「心の理論」は4〜5歳程度の発達段階で獲得される。そして，自閉症スペクトラムの子どもは，「心の理論」を獲得しにくいと言われている。

　発達には個人差がある。もしかしたら，小学生でも「心の理論」を獲得できていない子どもが学級にいる可能性があるだろう。

　「心の理論」を獲得できていない，あるいは「心の理論」をうまく使えていない子どもにとって，道徳科で他者との関係を考える授業は，とても困難さを伴う。

　しかし，「心の理論」を獲得できていない子どもも，友達を求める気持ち，友達と仲よく楽しく過ごしたいという気持ちはもっている。ここを見過ごしてはならない。

【著者紹介】
増田　謙太郎（ますだ　けんたろう）
東京学芸大学教職大学院准教授。
東京都町田市出身。東京都内公立小学校教諭（特別支援学級担任），東京都北区教育委員会指導主事を経て，現職。専門はインクルーシブ教育，特別支援教育。

道徳科授業サポートBOOKS
「特別の教科　道徳」のユニバーサルデザイン
授業づくりをチェンジする15のポイント

| 2018年9月初版第1刷刊 | ©著　者 | 増　田　謙　太　郎 |

発行者　藤　原　光　政
発行所　明治図書出版株式会社
http://www.meijitosho.co.jp
（企画）茅野　現　（校正）嵯峨裕子
〒114-0023　東京都北区滝野川7-46-1
振替00160-5-151318　電話03(5907)6701
ご注文窓口　電話03(5907)6668

＊検印省略　　　　　組版所　長野印刷商工株式会社

本書の無断コピーは，著作権・出版権にふれます。ご注意ください。

Printed in Japan　　ISBN978-4-18-169317-6
もれなくクーポンがもらえる！読者アンケートはこちらから →

多様なアプローチで「考え、議論する」道徳に変える

道徳科授業サポートBOOKS
考え, 議論する道徳科授業の新しいアプローチ 10

諸富　祥彦　編著

●A5判　●168頁　●本体2,260円＋税　●図書番号1608

教科化された道徳では、読み物教材を使って心情を考えるだけではなく、より一層多様なアプローチが求められています。本書では「問題解決型道徳」「『学び合い』道徳」など、10のアプローチを提案。研究に裏付けられた理論とそれに基づく実践のセットで紹介。

新教科書を徹底解説！新教材を使った授業づくりにも対応！

小学校
特別の教科　道徳　新教科書の授業プラン

『道徳教育』編集部　編

●B5判　●120頁　●本体2,000円＋税　●図書番号4317

50年以上続く道徳教育の歴史で初めてできた教科書。その新教科書、全8社の注目すべき活用ポイントを徹底解説するとともに、新教科書掲載の教材を用いた授業実践も抱負に掲載しました。教科化された道徳の授業をフルサポートする1冊です！

明治図書　携帯・スマートフォンからは　**明治図書ONLINE** へ　書籍の検索、注文ができます。▶▶▶

http://www.meijitosho.co.jp　＊併記4桁の図書番号（英数字）でHP、携帯での検索・注文が簡単に行えます。

〒114-0023　東京都北区滝野川7-46-1　ご注文窓口　TEL 03-5907-6668　FAX 050-3156-2790